U0555923

智读汇

连接更多书与书，书与人，人与人。

优势管理

扭转人生到管理用人的黄金法则

谊威管理咨询公司 著

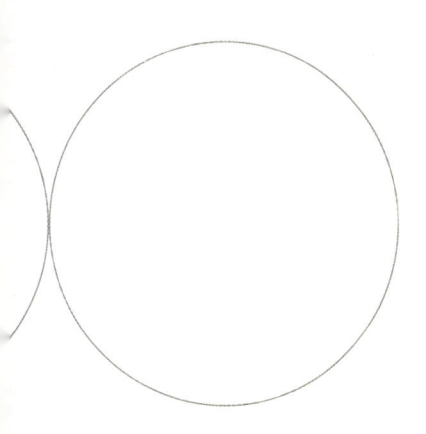

中国商业出版社

图书在版编目（CIP）数据

优势管理：扭转人生到管理用人的黄金法则/谊威管理咨询公司著．-- 北京：中国商业出版社，2022.10
ISBN 978-7-5208-2251-0

Ⅰ．①优… Ⅱ．①谊… Ⅲ．①人力资源管理-研究 Ⅳ．① F243

中国版本图书馆 CIP 数据核字（2022）第183631号

责任编辑：吴　倩

中国商业出版社出版发行
（www.zgsycb.com　100053　北京广安门内报国寺1号）
总编室：010-63180647　编辑室：010-83128926
发行部：010-83120835/8286
新华书店经销
涿州市旭峰德源印刷有限公司印刷

*

880毫米×1230毫米　32开　8.5印张　190千字
2022年10月第1版　2022年10月第1次印刷
定价：58.00元

* * * *

（如有印装质量问题可更换）

致 谢

感谢林双桂先生（LIFO系统资深顾问、讲师，曾任中国台湾工业技术研究院总部人力资源发展主管）分享其人力资源管理的经验与案例，并慷慨地提供给我们改写成相关的内容。

感谢朱文虎先生（LIFO系统资深讲师，曾任中美史克制药有限公司销售大区经理、正大集团投资管理部副总经理）将其个人多年的销售管理经验提供给我们作为本书篇章《销售攻心术：知彼也知己，拓展自己的沟通力》的内容。

感谢敬爱的LIFO资深讲师兼好友们：

叶微微女士（曾任鼎鼐企业管理咨询上海有限公司首席执行长）、魏美蓉女士（美商韦莱韬悦台湾区总经理）、刘艳玲女士（凯洛格咨询集团资深讲师）、王少晖女士（光辉国际全球高级合伙人）、林文兰女士（中映电映文化股份有限公司负责人）、许主峰先生（五色石社会企业总经理）、郝姝颖女士（谊威管理咨询有限公司特聘顾问）等人提供精彩的个人及组织案例，美国的陈孟萱女士及陈孟欣女士对于LIFO在家庭及生活中的应用所提供的宝贵意见。

若没有你们的协助，此书无法完成，在此献上最深的谢意。

感谢廖华淑女士尽心尽力地负责LIFO英文资料的翻译及中文版研发，这些中文资料成为本书内容的重要依据。

最后也深深感谢这二十多年来持续支持我们、参与学习的众多LIFO爱好者。在教学及学习经验中，让我们理解到LIFO方法对于学习者的价值，也能把大家所分享的经验，融入此书的应用篇幅中。

谊威管理咨询公司

陈子良　陈知宁

推荐序

第一次接触LIFO方法是20多年前，我还在中国台湾工业技术研究院担任人力发展主管时，身负全院各级主管管理能力发展的重责。当时我们想采用一个有效且了解个人，并发展年轻主管管理风格的培训工具与课程。因此与LIFO结下了不解之缘。

在全球多家类似风格的培训工具与训练中，最后LIFO拔得头筹。主要原因是：这套系统除了能够有效分析学员个人基本风格并给予有效回馈，还能配合五个发展策略方法，让学习者发挥个人长处及优势。更重要的是，还有多个面向的课题应用（诸如：人员征聘、销售、团队组建、谈判、时间管理、工作教导、生涯规划、家庭和谐、亲子教养等应用）。而我们通过引进LIFO的系统工具及培训课程，使各研究所的主管除了基本理工专长之外，又有了一套能协助个人及团队/部属发挥个人风格优势的良好利器，协助其发挥管理领导效能。

在有人力资源管理相关的应用经验后，我个人也逐渐在生活与职场的各个方面使用LIFO方法，得益于谊威管理咨询公司首席顾问陈子良的指导，逐步受训成为LIFO讲师。之后，随着个人职业生涯的发展，LIFO更成为我个人职场的良师益友，使我在两岸企业管理界，甚至家庭关系的议题上，成为能够协助他人良好发展的顾问。

然而，在学习LIFO的过程中，我也面临着一些挑战。在多年的淬炼之后，我个人体会到：LIFO的应用牵涉一个观念或行为习惯的改变，并不只是单纯的理论分析。而有些学员亦反馈希望能有更多了解LIFO的知识平台及学习工具，让他们在课后还有更多"反刍"的机会。本书是除了上课培训及网络平台之外，学员更能扩展理解LIFO堂奥的管道。在此非常佩服作者的真知灼见，书中除了一般LIFO风格知识，更有多位专家、顾问的案例经验分享，更能引起大家的学习与应用之兴趣。

身为LIFO大家庭的一员，我很荣幸被邀请作序，更期待与各位伙伴一起学习。

林双桂

（林双桂先生曾任职中国台湾工业技术研究院总部人力资源发展主管，2000年创办创易管理顾问公司，目前担任总执行顾问。）

自 序

在这个信息爆炸的年代，人人都充满了忧患意识，人们时时刻刻都希望能有更多方法来提升自己的潜能、独特性及竞争力，优势管理俨然成为热门话题。无论是管理者还是员工，无论是初进职场的新人还是身经百战的职场老手，都对如何确认适合自己深耕的领域充满兴趣。毕竟，只有管理好自己的优势，才能管理好自己的人生。

LIFO方法在西方世界发展了近六十年，中文版书籍问世至今也已近三十载，创始人斯图尔特·阿特金斯（Stuart Atkins）与艾伦·凯契尔（Allan Katcher）博士写了6本专著，但书籍内容都较艰涩，充斥着知识理论的陈述，较适合学习过LIFO课程的专业读者。由于这些专著并不符合中文大众市场的需求，因此，谊威管理咨询公司作为LIFO中文版独家总代理商，一直没有将这些书籍翻译与出版，以致我国读者对LIFO的了解十分有限。谊威管理咨询公司于1993年开始教授

LIFO课程，专业服务已遍及中国、新加坡、马来西亚等亚洲国家，并横跨金融、科技、互联网、医药、房地产、制造、服务以及教育等产业，学习者高达数万人。

然而，授课经验让我们发现，LIFO的目标虽是有效沟通、建设团队，并提升个人及组织绩效，但在个人层面的应用上，却缺乏一套终身学习的纲领。许多学员在学完课程后，通过问卷评量自我了解，虽欲持续地应用，却不太有后续再学习的内容及模式。而LIFO方法其实需要长期的应用实践，才更能体现出对个人发展的效益。从2016年开始，谊威管理咨询公司除了开设领导力与团队建设等课程外，也开始研发各式各样生活应用层面的LIFO学习内容，从职业生涯的选择到职场人际沟通，从两性关系到亲子教养，期望能够让更多人通过LIFO的学习而受益。

过去，有不少LIFO的学习者告诉我，当年学习LIFO时不太能体会其价值，有了一定的人生阅历后，才更能了解其效用。我认为这也和缺少一本好的LIFO学习书籍有关。为了弥补这个缺憾，这本深具本土化特色的LIFO书籍从2016年开始构思，筹备了三年，囊括了多位LIFO资深讲师的教学经验、匿名学员的精彩故事，以及我们在各式各样的企业组织内进行培训、咨询、协助问题解决的案例，以浅显易懂的方式，提纲挈领地让读者认识LIFO方法，以及它在个人层面与组织层面的应用。

引颈期盼了许久，属于中文市场的LIFO书籍撰写完成，终于有一本针对中文读者的LIFO方法普及书，阐述了LIFO基本理论及全面应用，指导读者打造最符合自己的优势及长处的人生蓝图。

本书的命名及撰写主轴选择了与LIFO核心精神相符的"优势管理"。市场上已有畅销书《盖洛普优势识别器》。此书有别于前者的地方在于：此书架构相对简单易学，但衍生性强，除了职业发展外，阐述了更多的应用领域，也更为精准地给予读者如何发展优势及解决问题的建议。

另外，有鉴于市面上心理测评流行，各类体系及类型琳琅满目，众多喜好心理学的读者也已经涉猎了不少。希望借着本书的问世，向读者展示一个专业的心理学方法及系统。除了需要有大师的理论基础外，还要有精细的测评架构及工具，要有对个人成长有益的方法，如此才能彰显出心理学科学应用的正面积极意义。

本书可以有以下用途：一是给学过LIFO方法的学员作为个人进修辅助书；二是给引入LIFO培训的企业作为内部的读书会讨论书；三是给任何想管理自己优势、让自己更成功的读者，即使你没有正式参加过LIFO课程，但里面的许多观点及建议，仍会给你带来很多启发及助益。

最后，衷心期盼所有对心理学感兴趣的读者、心理学/企

管 / 教育科系的老师及学生、心理咨询师及想从事心理咨询师职业的人，都能从阅读这本书的过程中受益。也期待这本书让心理学知识的从业者认知到人的复杂性与多面性，看到人在不同情境与角色中的变化，以及能在各种境遇里找到发展自己优势的方法，让人生更美好、更成功、更幸福。

谊威管理咨询公司首席顾问
陈子良

CONTENTS 目录

LIFO® 溯源篇　001

LIFO 方法的历史：五十多年来的成功　002

两个目的，三个问题：人生困境的解决方针　006

LIFO 系统的起源：人本精神的制胜法则　011

扭转人生，你不需要改变自己的天赋本质　015

四种风格，知己知彼最佳心法　018

LIFO® 行为风格自我检测　026

全方位的自我解析：顺境／逆境、意图／行为／影响　029

最全面的诊断：LIFO 问卷解读实例　032

不同情境与角色的风格变化　036

LIFO 方法的优势　039

长处发展策略："测训一体"的个人化培训　042

国际的理论，本土化的实践　046

优势管理
扭转人生到管理用人的黄金法则

LIFO® 个人应用篇 049

人际关系从理解开始 050

为职业生涯发展立定主轴 058

对症下药的时间管理方法 074

设计自己的高效学习策略 083

两性关系指南：找出殊途同归的那条路 094

建立良好亲子关系，需要建立更有效的认知框架 121

一人分饰多角的难题：职业女性生存导航 144

LIFO® 企业管理篇 161

掌握个别差异，提高管理效能 162

善用长处发挥领导力 179

同中求异，异中求同：LIFO 教你组建团队 190

建设团队：建立共识，提升团队合作 196

组织发展与变革的应用 207

销售攻心术：知彼也知己，拓展自己的沟通力 216

绩效的高低代表个人的能力吗 239

如何进行一场双赢的人才甄选 244

协助新人适应：让"异类"变成得力伙伴 249

LIFO®
溯源篇

LIFO 方法的历史：
五十多年来的成功

先有 LIFO 理论，然后才有 LIFO 方法

1967 年，LIFO 测评正式被发展成为一个产品来辅助组织发展和团体动力培训。LIFO 测评借由研究彼此间个人风格和长处的互动，帮助人们了解他们的行为偏好，以及如何自我改善，同时增进与他人的关系。

美国加州的斯图尔特·阿特金斯（Stuart Atkins）博士与艾伦·凯契尔（Allan Katcher）博士，加上顾问埃利亚斯·波特（Elias Porter）博士共同开发了 LIFO 测评工具，来满足各团体的个人及组织发展的需求。LIFO 测评奠基于下列各领域大师的理论。

> ◎ **艾瑞克·弗洛姆（Erich Fromm）**：阐述建设性和非建设性的性格取向，以及长处在过度使用时可能转变成缺点。
>
> ◎ **卡尔·罗杰斯（Carl Rogers）**：以个人为中心的咨询，探讨人们思考、感受、表达和行事的一致性，衍生了关于LIFO意图、行为和影响之间一致性的要素。
>
> ◎ **彼得·德鲁克（Peter Drucker）**：目标管理的方法及技术都可以用在个人的长处管理上。
>
> ◎ **亚伯拉罕·马斯洛（Abraham Maslow）**：自我实现理论和人文主义心理学。

LIFO推出后，学员都很满意LIFO测评所显示的结果，以及问卷上给予的解释。他们也很喜欢能够相互谈论彼此的长处和行为风格，以便更有效地进行管理。学员在体验过对他们行为取向的解析后，通常想进一步地知道他们能够如何自我改善、如何调整行为。

于是，阿特金斯博士和凯契尔博士建立了一套人生取向（Life Orientations）方法，来辅助LIFO测评结果的分析，包括五项改善长处的发展策略：善用、结合、扩展、桥接、控制过当。

为了简化和帮助记忆，使用了"人生取向"的缩写，商标缩短为"LIFO方法"。阿特金斯博士和凯契尔博士很快发现，LIFO测评和LIFO方法的需求超出他们的负担能力，因此，他们开始授权及更系统化地培训讲师，并开发教材，以便有兴趣的人深入学习LIFO方法。

LIFO在全球扩展

在美国，阿特金斯博士的LIFO客户包括财富杂志500强大企业、小公司、政府机构、宗教组织、大学和医院。阿特金斯博士把LIFO运用在管理培训、团队合作、个人生产力和沟通的发展策略上，这些都统称为LIFO培训。

1977年，凯契尔博士开始将他的LIFO实务工作放眼国际。受到德鲁克的影响，他扩大了应用范围，发展了更多LIFO测评中的题目，使其适用于特定培训主题，如销售、领导力、高阶管理培训、团队建设和组织发展应用。于是，LIFO方法得以涵括许多特定主题的测评，包括领导风格、销售风格、教练风格、压力管理风格和学习风格。

凯契尔博士在许多国家借由委托代理商，将LIFO方法以多种语言推广到30多个国家，并建立了一个以LIFO专家及代理商所组成的全球网络。这个网络每年在世界的任意一个国家举行年会,共同研究及分享 LIFO 的应用经验。LIFO 全球代理商皆是专业背景,也有不少心理学博士。40 年来,这些全球各地的 LIFO 销售者及服务提供者,也对 LIFO 方法在各个领域的研发做出很大贡献。

迄今为止,全球已有两万多个组织、超过一千万人使用 LIFO 方法和参加 LIFO 培训。在西方世界,除了美国之外,LIFO 方法最大的使用国家依次为德国、英国、荷兰及比利时。而亚洲以日本为仅次于美国的最大的使用国家。它的代理商日本 Business Consultants, Inc.(BCon)成为日本最大的管理咨询公司之一,也成为 LIFO 品牌的全球版权所有者。

1992 年,中国台湾地区的陈子良博士从凯契尔博士那里取得 LIFO 的中文版独家总代理,除了中文版制作外,陈博士及其团队还把 LIFO 应用在组织发展、人才评价、团队建设及教练改变方面的理论和授课形式上,且都取得较大的突破。而近年来,LIFO 中文版在亲子关系、家庭咨询、改善两性关系、职业发展及中年职业生涯转型等的应用研发,及通过游戏用漫画的形式来学习都居全球的领先地位。

两个目的，三个问题：
人生困境的解决方针

同事表面和睦，背地里下绊子；和领导观念不合，总觉得不受重用；永远和伴侣吵重复的架，却无法解决关系中真正的问题；工作中累得不成人样，回家后却仍然烦恼小孩的教养问题……所有事情皆不顺利，无论担任什么角色，好像都得不到肯定，不知道天分才华怎样发展，不清楚辛苦拼搏为何都是徒劳，自己到底能在社会中占有什么样的位置……

我们想要做自己，却不确定自己是谁；我们在乎个人发展，想要过着能够发挥自己所长的生活；我们被镶嵌在社会网络中，扮演着子女、职员、领导、父母、伴侣等多重角色，在不同身份的切换中，我们总是希望能够尽善尽美，拥有良好的沟通与对话，拥有正向的人际关系。

我们每天与家人、工作伙伴、朋友进行无数次的谈话，主要有两个目的。

> ◎ **心理需求**：强化人与人的联结。
> ◎ **外部需求**：解决与人相关的问题。

就后者来说，无论在私人领域中还是在职场上，都至关重要。许多难解的问题，都需要知己知彼，才可能达成共识。

如果这两个目的无法达成，就会无限演化成各式各样的难题。然而，即使有100种不同的情境，所有生命困境简化到最后，都要面对三大核心问题。

> ◎ **缺乏自我觉察**
> 　　对自己认识过少，无法管理自身的长处与短处，无法进一步储备属于自己的"发展燃料"。
> ◎ **错误理解他人**
> 　　陷溺在自己的观点里，缺乏客观而有效的"认知框架"，导致无法清晰地理解他人。
> ◎ **失效的关系管理**
> 　　无法厘清自己与他人的"需求"，彼此经常"错频"，自然就无法建立品质良好的关系，也无法促成有建设性的沟通。

好消息是，本书要介绍的 LIFO 就是一套针对个体成长，同时兼顾群体协调所设计的理论。它同时解决三个问题，也达成了两个目的。

LIFO 全名为"Life Orientation"，也就是人生取向，意指个人内在的价值观以及外显的行为偏好。LIFO 是一套具有严谨科学基础与丰富实务经验的方法，发轫自人格心理学、组织心理学与管理学。自 20 世纪 60 年代问世以来，即为许多企业和政府组织所运用，在西方管理界享有极高的声望。

经过大量临床案例验证，LIFO 归纳了"四大人生取向"。

◎ 支持／退让（SG）：追求卓越。
◎ 掌握／接管（CT）：促发行动。
◎ 持稳／固守（CH）：维持理性。
◎ 顺应／妥协（AD）：享受和谐。

每种人生取向，皆有着对应的行为风格与价值观，依据此系统，能够加深个人的自我探索，同时让使用者拥有清晰的认知框架，更加精准地"识人"，它的结构清晰又容易应用，不仅上手迅速，还能从中领悟与不同风格的人相处、合作与共事的方法。

因此，LIFO 在个人发展与企业组织方面皆有极高的应用性。

> ◎ **个人发展**：学习如何管理自己的才华、提升才能、改善人际关系。
>
> ◎ **企业组织**：提供"属于人的科学"，在职场人际、跨组织沟通、管理与领导、企业文化建立、组织发展与变革等方面提供许多方向明确的帮助。

LIFO系统着重理解与接纳，肯定每个人的价值与独特性，而非用单一的框架来评判个人才能的高低。LIFO并非人格类型理论，不能将人单纯地分类或贴标签，其问卷与相关评估呈现的是人的复杂性以及在相异的情境下展露出不同的行为。因此，重点在于了解个体的行为特性与其背后的价值观，以及如何让这些优点能更"适得其所"地发挥。

> ### ✉ LIFO 履历书
>
> ·在美国、英国、德国等西方国家及日本、中国等亚洲国家中，已有一千多万人受到训练。
>
> ·美国 500 强大企业，半数以上都使用过 LIFO。其中包括科技巨擘谷歌、微软。此外，也包括学术殿堂哈佛医学院及宾州大学的 MBA 课程。
>
> ·在日本，超过一百万经理人接受 LIFO 训练，日本航空、丰田等大企业已将 LIFO 方法列为员工晋升的必修课程。
>
> ·在中文世界发展超过 26 年，在中国及新加坡等国家训练了数千家企业的主管，服务横跨了科技、通信、银行、运输管理、地产、日用消费品等行业的多项产业。

LIFO 系统的起源：
人本精神的制胜法则

LIFO 是什么呢？一言以蔽之，就是具有人本精神的问题解决方法。

LIFO 是以行为改变为目标的一种取向、方法，它务实而高效，不聚焦在探讨行为偏好的成因上，而是着重于结果。LIFO 不讨论过往创伤、人格养成或者发展经验，它聚焦于现在，并在当下行为调整的基础上着眼未来。换言之，LIFO 着重在认知与管理，讨论如何改善问题与发展优势。

LIFO 方法是由两位心理学家阿特金斯博士与凯契尔博士所创立的。两位皆是当今享誉全球的管理大师，也是美国管理顾问界的领袖人物。凯契尔博士担任世界财富论坛 500 强企业中花旗银行、英国航空公司、西屋公司、全球公司等十多家公司的特邀顾问，曾被列入西方名人堂。

阿特金斯博士与凯契尔博士在创造 LIFO 理论时，并不只使用自身的学说，还依据弗洛姆、罗杰斯以及德鲁克等国际级宗师的思想为基底，并辅以大量企业内临床辅导案例建构而成。

20世纪60年代初，凯契尔博士及阿特金斯博士为企业做绩效评估顾问时，觉察到当时的评估方法有致命缺陷：评估者容易扮演"上帝"的角色，用一套貌似公正的标准去评判对方，而被评估者往往因为觉得自尊心受到伤害而产生抵触情绪。

他们认为有必要重塑一套探索自我与了解别人的工具，使人们顺畅沟通，并最大限度地发挥人在工作中的潜能，开创个人和企业组织发展的新境界。

因此，LIFO的两位创立人参考了人本主义、个人中心咨询心理学派宗师罗杰斯对咨询与学习方法所作的思考，用接纳与理解来取代批判，以此激发受评估者的自我洞察与行为改变，有效避免受评者对评价产生自卫性的反感，同时提升训练的动机与效能。

除此之外，LIFO核心架构师法了人本主义哲学大师弗洛姆的理念。弗洛姆曾说过一句意味深长的话："我们的缺点往往只是我们长处的过度表现。"

换言之，人的缺点，其实与长处是一体两面。

LIFO系统中的关键性观点由此产生：一个人事业成功与否，取决于他能否管理自己的长处。人才要达到预定事业目标，最核心的问题在于如何运用自己所拥有的长处。当他使用好长处时，会为自己创造工作上的成就。相反，当他过分运用长处时，就容易演化成在旁人看来所谓的缺点。

另外，LIFO 的管理哲学亦受到管理学宗师德鲁克《管理实务》一书的影响。德鲁克认为，管理不只是一套技巧，也是一种态度。管理各种资源的"管理者"应该选定目标，朝向目标不断前进，并在未能达到预定成果时改变或调整努力的方向。此种方向性明确又能自觉调整的管理方针不仅可以运用在工作上，也可应用在任何人生大事上，如健康、快乐、家庭关系和财富等。弗洛姆和德鲁克殊途同归地思考问题，并且处理人如何确立目标、管理才华，以便将才能最大化发挥。LIFO 就是根据这一人生哲学观而衍生出的实操方法。

经过凯契尔及阿特金斯两人数十年的探索和实践，LIFO 系统日臻完善成熟。如今，在心理评价工具大量发展的今日，LIFO 仍维持其历久不衰的独特地位，并在全球被广泛运用。

LIFO 系统传承图

艾瑞克·弗洛姆
Erich Fromm

长处和缺点，
你不能只有其一。

+

彼得·德鲁克
Peter Drucker

长处可以被
管理和发展。

+

卡尔·罗杰斯
Carl Rogers

看中每个人的价值，
了解和接受他们。

艾伦·凯契尔
Allan Katcher

企业可以把整体人才资源的优势发挥到极致。

+

斯图尔特·阿特金斯
Stuart Atkins

我们有很有效的方法来发展长处，促进改变。

陈子良
Gary Chen

每个人都能够学会如何在不同人生角色里发挥建设性长处。

扭转人生，你不需要改变自己的天赋本质

我们都想成为更好的自己。我们都向往改变，但又不确定哪一种路径才适合自己。发挥个人潜能的关键并不是模仿他人、抹杀自己的天赋才华，而是掌握自己的人生取向。

如前所述，LIFO 的核心概念为：

> ◎一个人的缺点，只是他的长处使用过当。
> ◎长处与弱点是一体的两面，共存在每个人身上。

我们大部分的人都有一种倾向：依附并过度使用惯性模式。因为惯性很安全，它是我们的舒适圈，是我们根据以往经验所归纳出来的效益行为。

然而，水能载舟，亦能覆舟。你所擅长的，可能让你飞黄腾达，亦可能让你一落千丈，只看你是否过度依赖过往的成功

经验，并滥用了自己习惯的行为风格。

举例而言，完美主义总是让你把每个经手的专案当成自己的作品，你交出的成品永远是最佳品质；不幸的是，在这个加速度巨变的世界，顾客未必有时间等你十年磨一剑，当你追求卓越地达到自己的标准时，早已赶不上市场的淘汰机制。

若要让自己更上一层楼，需有建设性的做法，而不是费力地改变自己的取向，"以了解为前提"，找到从前行为模式的盲点，进一步努力来管理长处。

对自己如此，对他人亦如此，在LIFO人本精神架构下，每个人皆遵循自己的"原厂设定"，不需特意改变，但又尊重互相的差异，以公约数进行协商沟通。

LIFO提倡沟通的黄金定律：

> ◎ 用别人喜欢被对待的方式来对待别人。

这个定律对建立良好合作关系、有效的沟通模式，乃至人资管理都是多赢。毕竟，最有效的对话就是频率相同的谈话。

然而，当你与他人风格相似时，一切好办，但若你与对方大相径庭时，又该怎样找到能够让彼此"桥接"的方法呢？

这就是LIFO的精妙之处。它以四大风格作为基准，教你如何厘清自己的需求、判断对方的风格，在交谈时给予对方所需要的信息（而不只是你想传达的），并让双方在每次的互动中皆得到照顾（详情请见后续章节）。

优势管理
扭转人生到管理用人的黄金法则

四种风格，
知己知彼最佳心法

LIFO 系统根据弗洛姆的四种性格原型，发展出四种人生取向与相应的价值观。

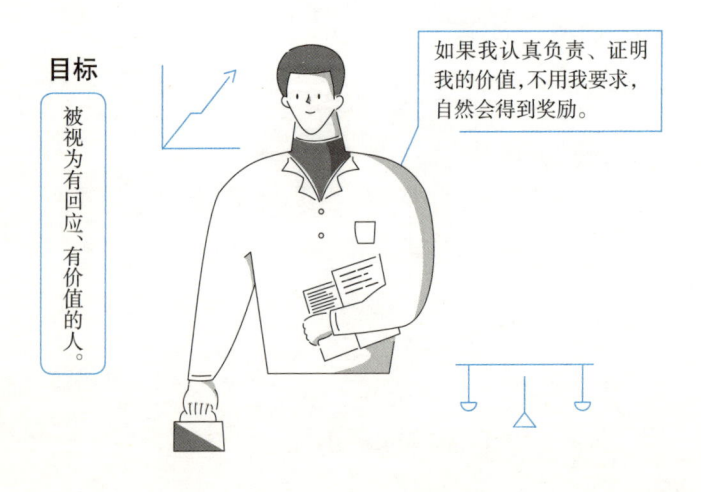

目标

被视为有回应、有价值的人。

如果我认真负责、证明我的价值，不用我要求，自然会得到奖励。

支持／退让（SG）：SG 风格是正义的完美主义者

SG 行为风格的人的价值观为"卓越"，他们在意如何做一个有理想并且卓越的人，需要意义感，在意正直与公平。有兴趣帮助他人发展与成长，最主要的行为目标为"证明价值，有助于人"。

偏好 SG 行为风格的人若进入团体，会认同集体的目标与价值，会为促进共同的福祉而努力不懈。

他们心中有一把理想的量尺，希望自己与他人能达到标准，不达到目标通常会自责，并产生罪恶感。此种行为风格呈现的人生哲学为"如果我借由努力工作和追求卓越来证明我的价值，就可以实现我的目的"。

1. 长处（支持）

为人着想、具理想性、谦虚自持、信任他人、为人忠诚、乐于助人、接受性强、回应性强、追求卓越、愿意合作。

2. 过当（退让）

否定自己、不切实际、自我贬抑、轻信人言、一片愚忠、过度关照、被动等待、过度投入、完美主义、屈从对方。

目标

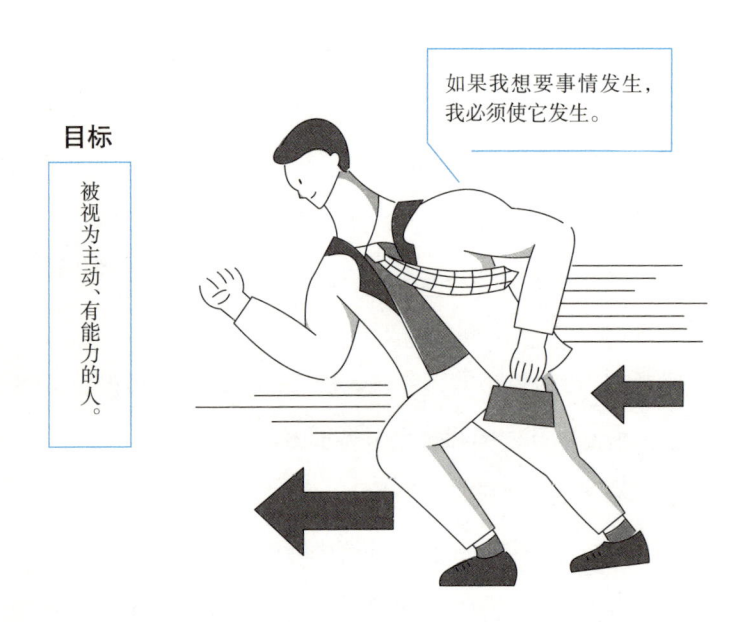

> 被视为主动、有能力的人。

> 如果我想要事情发生，我必须使它发生。

掌握／接管（CT）：CT 是有强烈行动力的急性子

CT 风格的价值观为"行动"，偏好 CT 行为风格的人，最重视的是如何让事情按照他想要的方式完成，而且要迅速。最主要的目标为"展现能力，取得成果"。

他们对自己的能力具有信心，相信通过努力与掌握形势，可以得到应得的成果。他们认为事情要趁热打铁地完成，享受决策与主导的快乐，偏好身兼数职，在意个人的能力与责任。

CT 风格所显露的人生哲学为"如果我借由展现能力和把

握机会而取得成果，就能获得我渴望得到的一切"。

1. 长处（掌握）

善做指示、迅速行动、具有自信、求新求变、说服力强、强势作风、竞争性强、勇于冒险、坚持主张、急迫性强。

2. 过当（接管）

操纵别人、冲动行事、态度骄傲、缺乏定性、扭曲事实、强制胁迫、斗争性强、富有赌性、高度施压、缺乏耐性。

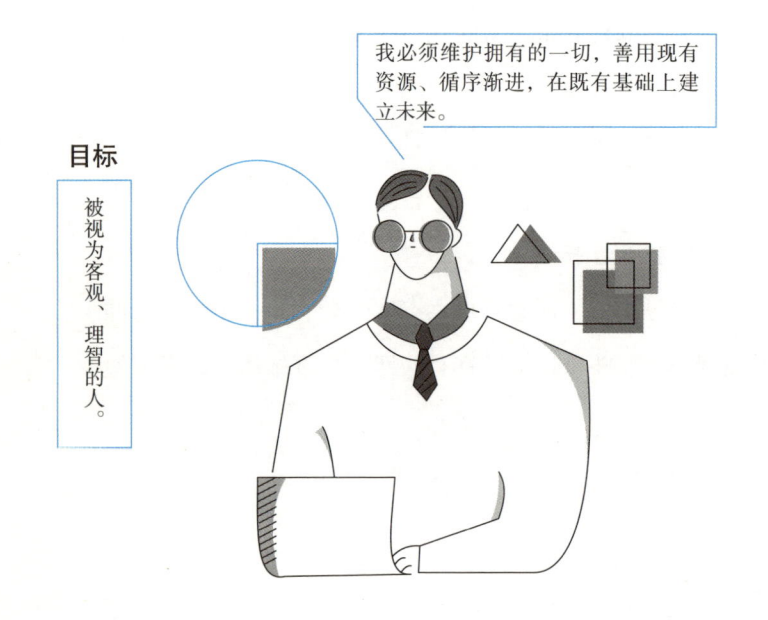

> 我必须维护拥有的一切，善用现有资源、循序渐进，在既有基础上建立未来。

目标

被视为客观、理智的人。

持稳／固守（CH）：CH 是稳定可靠的风险管理者

CH 风格的价值观为"理性"，偏好此风格的人关心如何用客观理性且周详的方式稳扎稳打地把事情做好，他们在乎的是尽量减少损失而非增加所得，擅长用分析、计划、系统和常规等方式降低风险。他们小心、谨慎，具备良好的组织与系统化习惯，在意计划以及如何使用现有的资源，以一种经济的方式把事情完成。

CH 风格的行为目标为"行事稳健、具有把握"，CH 风格所彰显的人生哲学为"如果我能三思而行且物尽其用，就能积累资源，进而达成我的目标"。

1. 长处（持稳）

遵循程式、务实作风、精打细算、深藏内敛、根据事实、坚韧不拔、思考周密、讲求方法、擅长分析、稳健行事。

2. 过当（固守）

墨守成规、缺乏创意、吝啬小气、难以沟通、受限资料、固执到底、过度详细、缓慢进行、吹毛求疵、过于小心。

目标

被视为让人欣赏、受欢迎的人。

> 只有先满足别人的需求和感情,我才能期待得到酬赏。

顺应／妥协（AD）：AD 是亲和力强的社交高手

AD 风格的价值观为"和谐",最基本的关注是希望别人欣赏和喜欢自己,很希望能融入团体和活动中,对他人的情绪与需求很敏感,喜欢和团体一起,觉得新关系的挑战令人兴奋,也知道自己一旦了解他人,就能对他们造成很大的影响。

AD 风格将协商与应对他人做得炉火纯青,视生活为与人互惠的过程,对交友、沟通、合作都保持极大的开放性,在遇到冲突或无法取得共识时,也会尽量取得双赢的结果。

AD 风格的行为目标为"认识别人,融洽相处",主要的

优势管理
扭转人生到管理用人的黄金法则

LIFO® 行为风格自我检测

请参考以下简易版的问卷,来评估自己比较偏好什么风格。

1.请阅读所有内容,不要过多考虑,根据自己的实际情况来回答。

2.请设定一般普遍的情况来回答,无须以特别的角色(例如主管、父母)来回答。

以下 5 栏共 20 个描述,请从各栏中勾选出 2 个较能描述你的句子,共勾选 10 句。

1. □ 我喜欢做事,能力求完美,不计较投入的心力。
2. □ 我喜欢主导目标的设定及事情的发展方向。
3. □ 我会依赖数据、分析与逻辑来做出决定。
4. □ 我善于营造周边人群的愉悦及和谐氛围。

人生哲学为"如果我关注别人并先满足他们的需求，就能使我的需求也得到满足"。

1. 长处（顺应）

弹性作风、乐于尝试、善于应对、为人热忱、灵活应变、顺应性强、擅长交际、协商谈判、言辞幽默、善于调解。

2. 过当（妥协）

前后不一、漫无目的、阿谀奉承、过度热络、迁就讨好、没有定见、巧妙操弄、轻易妥协、言语轻佻、掩盖问题。

续表

5. □ 我行动迅速，也能促使别人配合行动。
6. □ 我会列出论点的利弊得失及可选择的方案。
7. □ 我能敏锐觉察到别人的情绪，并适当地应对。
8. □ 我希望自己能完成一些有理想性及有益众人的事情。

9. □ 我善于规避风险，事先考虑各种应对方式。
10. □ 我能运用弹性的做法来满足别人不同的需求。
11. □ 我通常会先相信别人所说的话而不怀疑。
12. □ 我喜欢面对富有挑战性的情况，并努力克服。

13. □ 我能和各种人相处及融入各种团体中。
14. □ 我喜欢遵循自己或社会普遍的道德原则来做事。
15. □ 我善于看到并把握新机会或开创新的机会。
16. □ 我喜欢遵循过往的成功经验及既定的程序与制度。

17. □ 我会为别人着想，把别人的需求看得比自己的更重要。
18. □ 当我面对竞争情况时，能激发出更大的动力。
19. □ 我会先规划步骤及细节后，再采取行动。
20. □ 我乐于接受或尝试新的构想与做法。

将你所勾选的句子，对照下面各个风格的答案，把数目加总起来，填入下表相应的风格栏位，数字最多为5个，最少为0。

组别	SG（支持型）	CT（掌握型）	CH（持稳型）	AD（顺应型）
总勾选数				

注：这并非LIFO完整的问卷形式，仅用来简略了解自己倾向于何种LIFO风格。

＊解答请翻至下一页

LIFO® 行为风格自我检测解答：

SG（支持型）	CT（掌握型）	CH（持稳型）	AD（顺应型）
1、8、11、14、17	2、5、12、15、18	3、6、9、16、19	4、7、10、13、20

全方位的自我解析：
顺境 / 逆境、意图 / 行为 / 影响

  LIFO 方法并不只是单纯地把人的类型划分成四种风格，而是用这四种取向来描述每个人的独特性。也就是说，每个人都有这四种风格的组合，只是对各种风格的偏好程度不同而已。例如，22 岁的社会新人金妮，主风格是 CT，次风格是 CH，那她在职业的冲刺期，会比周遭的同侪都更有爆发力，愿意挑战与开发新的项目，但在冒险之前，她总是会找大量的资料，做好充足准备。相对来说，她的 SG 与 AD 风格就比较弱一点，因此，她显得不近人情，喜欢单打独斗，也不知道如何与同事打成一片。

顺境 / 逆境：相异情境下的不同表现

  每个人在不同的情境也可能表现出不同的行为风格。当我

们在顺境时，可能会依循过往的成功经验而有特定的行为表现。反之，当我们身处逆境，需要防卫、面临压力和遭受挑战时，很可能会因防卫而产生另一种应变的机制。

以梅林为例，当他处在顺境时，最偏好风格为CT；而当他处在逆境时，CT的分数降低，原本不偏好的AD风格攀升。由此可见，当事情在梅林的掌握之内时，他通常充满信心、行事快速，并且对其他人较为强势。然而，当事情超越梅林的能力范围，让他感觉到挫折与压力时，梅林原本高涨的气焰会迅速萎缩，他会变得较容易妥协，很在意他人的认同，甚至可能会为了讨好他人而放弃原本的坚持。

逆境的风格转变是个人经由过往经验的学习结果。顺境与逆境的风格差异，通常很精准地呈现出一个人面对困难与挑战时的状态。LIFO分析师能从顺境与逆境的个人评量结果中看出受评者在面对不同境遇时的行为转变、防卫反应、过当行为以及改善方法。

意图、行为、影响：
观察个人风格一致性程度的重点

除了顺境、逆境之外，LIFO方法的架构还有意图、行为与影响的区隔。

意图指的是个人所希望能达成的目标，行为则是实际的作为，影响则是做出行为以后的有效性（或是从他人眼中对个人的看法）。这三者间的落差越小，代表个人从目标到结果的一致性越高。而当这三者落差大时，就代表结果超过或不如预期，而这种不一致的现象，也反映出一个人的沟通效能问题，及内在不舒适的程度。

LIFO方法特有的评量问卷可以从分数来检视。举例而言，艾格尼丝最偏好的风格为CH，她在顺境时，CH风格的意图／行为／影响分数分别为5、9、12。这代表当她一切顺利时，她并不太愿意用严谨无误而客观的方式来处理所有事情，然而，她却采取了较多相关的行动，而最后的结果不仅发挥更高的CH理性特质，也更让周围的人认为艾格尼丝就是一个做事谨慎、实事求是而不为人情所左右的人。这种不一致情形对每个人都是很普遍的。深入学习LIFO方法后，可以降低不一致而产生更正面的沟通效能。

最全面的诊断：
LIFO 问卷解读实例

一言以蔽之，以 LIFO 方法来进行自我了解，是基于以下三种要素。

> ◎ 四种不同的行为风格及其组合。
> ◎ 顺境／逆境。
> ◎ 意图／行为／影响。

四种风格及其组合呈现了个人的行为取向的独特性。顺境、逆境的要素可以检视个人在环境变化时的改变。意图、行为、影响则分析了个人从内在意愿到外在行为，再到实际的成果之间的差距。

LIFO 方法中的评量问卷，可以产生如下对人的解析报告。

顺利情况：最偏好的风格与长处组合

	SG 支持／退让	CT 掌握／接管	CH 持稳／固守	AD 顺应／妥协
意图	9	4	9	8
行为	10	6	7	7
影响	10	6	8	6
总分 90	29	16	24	21

不顺利情况：最偏好的风格与长处组合

	SG 支持／退让	CT 掌握／接管	CH 持稳／固守	AD 顺应／妥协
意图	6	8	7	9
行为	12	7	4	7
影响	10	9	5	6
总分 90	28	24	16	22

这是亚当的 LIFO 分数，他是 30 岁的中阶主管。在顺境时，亚当的主风格是高达 29 分的 SG，次风格是 24 分的 CH，最不偏好风格则是 16 分的 CT。这代表他喜欢团队合作，也擅长为团队找到理想的共同目标，工作尽心尽力，做事谨慎而小心。当事情都运作顺利时，偏好用比较缓慢但是扎实而有品质的方式做事，管理方针则采取尊重、诚恳的态度，不太倾向于使用上对下的方式来压制部属。

然而，当面对逆境时，亚当采取的策略产生了很大的转变，他的 CT 分数从 16 提升到 24，CH 却下降到 16，代表在压力情境下，亚当会舍去自己原先稳健、少冒险的做事方式，而转为较快速的决策、较强势的管理方式，并减少自己的资讯分析，以较符合时间效益的方式展开行动。

而问卷上的意图、行为、影响三要素，给予受评者完整而精密的"一致性确认"。

举例而言，亚当在逆境情况下，SG 风格的意图分数为 6，行为分数为 12，影响分数为 10，三者之间具有一定程度的落差，尤其是意图与行为之间的差距。

这通常代表他遇到逆境时，想要降低原先完美主义的标准，并改变原先以团队共同利益为优先的态度。然而，虽然理智上是这样期望，亚当的实际作为却是比以往更加卖力，也更愿意做出自我牺牲，并且对周遭的人也采用严格的标准来鞭策与要求，最后的成效也比较符合他所投入及所展现的行为，但仍然和其意愿有大的落差。简单来说，亚当虽然在逆境时企图降低 SG 的行事风格，转换成其他更有效的风格，但因为原来偏好的 SG 风格惯性，他还是付出很多努力来保证品质。

顺境、逆境和意图、行为、影响之间的相互对照，提供了很全面的解析。让个人并不只是被归类成"某种典型"，而能够看出更复杂动态的行为模式，照见自己在不同境遇下的倾向，通过对不一致的觉察，使其能够时时刻刻诊断自己的思考，与结果达到有效的同一性，并从中探索出改变的方法。

不同情境与角色的风格变化

LIFO应用范围极广,就个人层面而言,主要的核心在于个人咨询及行为改变。从自我了解、学习长处管理到对外沟通技巧的改善着手,全方位地处理工作绩效、人际关系、两性关系、亲子关系、职业生涯发展以及压力管理等问题。

就组织层面而言,从上级对下级的管理与领导、人力资源相关的甄选、人才培训、才能管理,乃至整体团队的组建、企业组织的发展与变革,皆能深入有效运用LIFO。

由于个人会从经验中学习,随着情境及社会角色的不同,采取不同的风格组合。在LIFO的深入应用中,设计出不同的风格问卷,来让个人及组织可以更有针对性地进行评量及诊断。而通过多方位的评量,更显示出个人行为的复杂性,而非被定性为只采取一种风格长处。

目前,LIFO系统共有十三种评量问卷与相对的应用学习内容。

1. 基本人生取向问卷：自我觉察、长处管理与长处发展、生涯转型。

2. 他人风格问卷：通过他人反馈的全面探索，提供改善建议。

3. 领导风格问卷：提升个人影响力及管理绩效。

4. 销售风格问卷：双赢销售——提升销售能力。

5. 谈判风格问卷：增强谈判能力。

6. 学习风格问卷：确认有效学习模式及增进讲师培训成效。

7. 教导风格问卷：提高教练技术，引导个人改变。

8. 压力管理风格问卷：了解如何应对压力，学习压力管理的成功模式。

9. 团队风格问卷：诊断团队运作的优势，实行团队的管理与发展。

10. 组织文化问卷：企业文化优劣势的探讨与塑造。

11. 两性风格问卷：婚姻关系管理及两性交往互动。

12. 亲子教养风格问卷：亲子关系的管理与提升。

13. 青少年风格问卷：辅导青少年发挥优势，建立自信及独特性。

LIFO方法能够历久不衰，就是因为它能同时协助个体与集体的进步与发展。

个人层次而言，它协助个体自我觉察与理解他人，厘清自己的长处与短处，转变惯性的思维与判断，采取适当行为，让自我的行为风格取向在公私领域都能得到最好的发挥。在自我培训的角度，LIFO方法可以有效地加强沟通与合作的技巧，帮助自我成长，提升团队贡献，并让个体找到最好的职业发展方向。

就组织的位置而言，LIFO方法帮助企业甄选合适的员工，进行员工培训，也能够提升管理绩效，协助建立团队合作模式，研拟最符合经营团队优势的组织战略，并解决企业发展与变革管理问题。

LIFO 方法的优势

优势 1：强调个人可改变与发展的长处

有别于市面上很多偏人格测评的工具，LIFO 方法更强调个人行为的可变性及行为风格中优势和长处的可发展性，因此兼顾了对个人的评量及发展。

心理学家发展出很多人格心理评量的问卷，像知名的 16PF、MBTI、五大人格量表、九型人格等。这些系统关注的问题都在"人较稳定而不变的特质"，尤其隐藏在外表底下的气质、性格与内在特征。

这些测评应用在企业内的效用主要在于职业与职位的匹配度，也就是说，企业的培训部门会使用这些测评结果来判断受评者的人格倾向、潜质，并采取适当的人事策略。换言之，测评工具的传统意义是对人理解的资料基础，而非提升绩效的工具本身。毕竟，心理测评往往只是帮助了解个人，而非为了受评者的训练与发展。因为后者涉及了较困难的行为改变过程，一般的测评工具无法兼顾改变及发展个人优势的目的。若要让这些倾向于人格的测评工具延伸出更多的应用，需要仰仗专业的使用者。若非专业的心理学家，很容易操作不当，导致"定性""误用""贴标签"的状态，导致对人的评价受到负面的误导。

优势 2: 从个人风格的解析到团队与组织的诊断

此外，不同于很多心理测评局限于个人层面的应用，LIFO 的风格架构，除了对个人的解析外，还可以转换用在团队及组织发展上。我们往往采用不同的理论架构及工具来发展企业员工及组织的优势。这两者的理论根源不同，前者来自心理学，而后者根据管理学及组织学而来。然而，所有的组织都是由人所构成的，要帮助企业经营成长或组织的发展，关键的解决方案也需"从人着手"。

同样的四种风格类型，同样的测评解析问卷结果，可以高效地检视任一团队风格的优势，也可以诊断企业的优势文化。让企业内建立共通语言来促成改变，提升个人及组织的绩效。后面的企业应用篇章会有更多的相关讲述。

优势 3: 测评与培训一体,充分发挥效能

　　LIFO 方法也是少见的"测训一体"系统,让评测结果能够真正落实到与提升工作绩效相关的行为改变上。

　　传统的培训花费时间长,多重视集体知识的学习,同时也容易有训练方法缺乏针对个别差异的问题。LIFO 则恰好相反,由于它的测评结果本身就是"处方签",可以引导到对学习者更为个性化的长处发展策略。因此,可以在相对短的时间内做出行为改善,并且是针对个人进行对症下药的改善。

长处发展策略：
"测训一体"的个人化培训

提升绩效：长处管理与长处发展

　　LIFO方法实践的核心在于如何管理长处，如何让长处能够最大化发展？就像前面一再陈述的，LIFO的哲学在于长处与缺点的两面性。

　　因此，受评者、受评团队、受评企业要变得更有效益的关键在于"不要受限于缺点，而是在长处上着力，并防止其运用过当"。换言之，不需要把精力花在"否认自己的状态，试图改变自身本质"上，而是要学习如何自我厘清，避免滥用习惯的行为模式，并善用目前已有的长处优势。

绩效与表现曲线

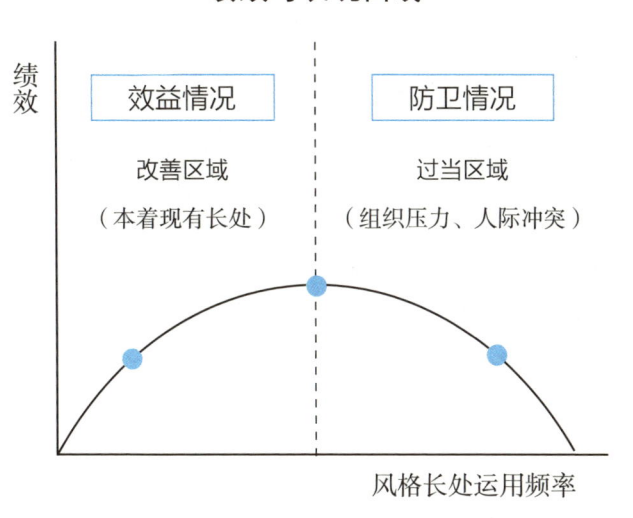

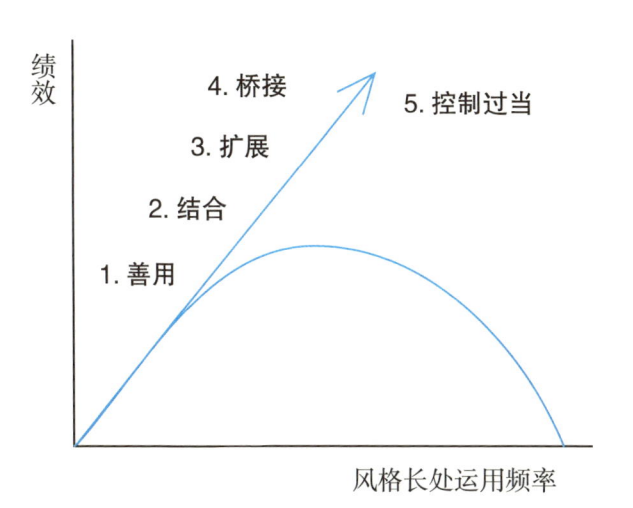

绩效

| 效益情况 | 防卫情况 |

改善区域　　　　　过当区域
（本着现有长处）　（组织压力、人际冲突）

风格长处运用频率

绩效

4. 桥接
5. 控制过当
3. 扩展
2. 结合
1. 善用

风格长处运用频率

长处发展绩效曲线说明了我们的表现因长处完全发挥而逐渐提升，但若不断运用长处超越某个点时，绩效便开始退步，因为我们过度使用偏好的长处，导致其过当。让现有长处最大化发展，但同时避免过度使用，这便是长处管理与长处发展的概念。

然而，若要全面性地提升在工作上的表现，势必会牵涉到与他人的合作与协调，而这方面就和 LIFO 方法中的"组织心理学"与"人际关系学"有关。

在 LIFO 系统里，强调五个重要的制胜策略，这五个策略不仅针对个人的绩效提升，也聚焦在如何有效且顺畅的沟通。

1. 善用

善用是比较个人化的阶段，它的重点是深度自我觉察，找出并欣赏自己的长处、风格与独特性。不为自己不是某种类型而怨叹。在目前的情况中，选择适当的情境，自信地运用长处。

2. 结合

找出与你共事者的长处和风格，尤其是长处和风格与自己相异甚大者。运用不同的长处补足自己的盲点，找到较佳的决策，并减少偏见。结合的意图是实现双赢，让彼此的差异能够成为良好的互补。

3. 扩展

在低风险的情况下试用自己最不偏好的风格，进行风格扩展的练习，并逐渐增加机会运用自己最不偏好风格的长处。扩展是桥接的重要基础，首先要能够扩展自身的风格，才有机会可以与他人互相调整。

4. 桥接

找出别人最偏好被对待的方式。根据他们的偏好，调整自己对待他们的方式。换言之，跨出自己原先的偏好风格，学习如何针对他人的行为风格来进行沟通。

5. 控制过当

控制过当即自我反省。深度自我觉察过当的行为及情境，找出何种状况、他人的何种反应会引发自己过当地使用长处，学习控制过当并矫正其成因。

假如你充分了解 LIFO 的五大策略，就会打下极好的基础，终身演练这五个策略，将协助你更好地掌握自己的命运。无论对个人发展、职业生涯规划、学习目标、家庭关系，甚至是职场的各种人际与合作状况，都有很好的帮助。

本书将会依据不同的主题，通过实际案例来阐述这五大策略的使用方法，让你能够在各种生活与职场情境中，找到最合适的应用方式，进一步扭转人生。

国际的理论，本土化的实践

LIFO 的中文化，是由谊威管理咨询公司的首席顾问陈子良先生负责的。陈子良是美国科罗拉多州立大学工业组织心理学博士，曾任美国人事决策国际公司（PDI）及数家管理咨询公司项目顾问，专精领域包括人才评价与发展、高管个人咨询、管理团队建设与发展、经营战略规划、企业组织发展、组织创新、跨文化国际管理等。由于陈子良博士本身深厚的相关领域背景，因此，LIFO 的翻译、中文化与本土化，皆有着严格的专业把关与品质保证。

LIFO 引进到中文世界时，陈子良博士观察到东西方的文化差异，认为许多行为表现会依据文化脉络而有不同的意涵。因此，在判读受评者的状况时，应当同时考虑文化情境，才能更贴近也更精准地解读。在这样的考虑下，陈子良博士花了25年的时间研究，根据其经验与体悟，发展出了具有中国特色的 LIFO 版本。

首先，就LIFO的学习层面而言，西方重视主动/行动学习，讲师的角色比较像引导学习者，而非授课者，学习模式在于激发学员自行应用，促成个人分享其心得及意见。反之，东方比较强调以讲师为主的学习，学员在乎讲师的专业与深度，并期望通过讲师来学习，学习模式在于传授与听讲，更多案例的说明及小组讨论分享。

因此，当LIFO进入中文市场时，课程的进行方式便有所调整，从根据学习手册进行的大量自主讨论的工作坊，演变成高密度的理论架构讲解，辅以个人咨询指导及实际案例应用与演练。

其次，就LIFO本身的运用而言，此系统最开始是以个人培训发展为主，但在多年的本地实践经验下，针对中国市场特色，发展出了团队建设、跨部门沟通、组织变革、组织发展、组织文化与战略等深度联结，加强在团队上的培训与组织应用。近年来，符合市场需求的LIFO亲子关系工作坊也视家庭为团体，让家庭成员互动得更为深入而变得融洽。

因此，此书分成三大部分：LIFO溯源篇、LIFO个人应用篇及LIFO企业管理篇。由小而大，个体至群体的主题皆包含，让读者能够自行选择自己适用的部分或有兴趣的篇章来进行理解与阅读。

LIFO是一套容易学习、具高度理论基础，并且应用范围极广的方法。其博大精深的起源，再加上超过半个世纪的发展历史及文化，已经成为一个成熟而有效的才能发展及组织发展的工具及系统。

　　LIFO是每个人一生必学，并值得每个人终身学习的方法。

　　期待各位经过学习这套系统，为将来的挑战做更好的准备，把握自己的职业生涯，并拥有生命的幸福感。

LIFO®
个人应用篇

人际关系从理解开始

职场的人际关系管理，是我们每个人一辈子必修的功课。谈及人际关系的改善，我们时常会听到几种常见的解决方式：注重仪态、谈吐得体、幽默风趣、善解人意，并且懂得拿捏彼此的距离。然而，这些几乎像是人际关系法则的提醒，主要都聚焦在外在的行为模式，而没有根本性地从内在来照见问题根源，因此，这些方式经常是知易行难。

人际关系就像是一面镜子，当你的人际关系很糟糕时，通常反映的就是你内心的偏见与恐惧。当你对同事、合作方、上司甚至整个职场环境都带有抗拒情绪，就像是镜面蒙上了一层灰雾，无论对方怎样做，都无法让你内心舒坦，于是，你们的关系也会产生阴影。

南希是一位 SG 风格的报社编辑，负责旅游线相关的审稿。在她的报社，记者不需要每天打卡上下班，只要按照进度提案、采访撰稿与配合摄影制作动态新闻，几天去一次公司即可。由于记者担任"生产者"的角色，报社整体的氛围重记者轻编辑，记者比较有话语权，但他们也时常浑水摸鱼、拖延截止时间、仅仅电访而不到现场，交出东零西落且需要南希重新校正的稿件。尽管纸媒已然没落，报纸副刊的观看率早已不如以往，但南希还是恪守本分，做好自己螺丝钉的角色，每日加班到深夜，动不动就会错过末班车。南希常常觉得人生缺乏意义，同时对记者充满了愤恨之情。

一天晚上，南希为了赶上第二天送印的进度，熬夜把报道里内容错误的地方找出来直接修改，然而，隔天到公司，她却被一位性格强势的记者劈头盖脸地教训了一番："你为什么擅自改动我的作品？"南希非常愤怒，但她的行为风格让她没有直接怼回去，而是自己默默生闷气。SG风格的她对自己高标准，却又缺乏自信，因此，她在公司感到深受折磨，即使理智上知道编辑的角色非常重要，但潜意识里却开始对自己的位置缺乏安全感，连带地也就丧失了斗志，产生了编辑在报社就是比较没有底气的"受害者思维"。于是，她开始消极怠工，不再精细地修正，而是直接把漏洞百出的稿子交到主管那里。然而，这么做对南希的部门乃至她自己都深具伤害性。

从以上的案例我们可以看到，人际关系上的问题时常影响着工作效能。南希遇到的问题和两个部门之间本身的紧张关系有关，但更多源自她所采取的沟通方式，以及面对人际关系时受限于既有框架、采取退缩以及被动式攻击（Passive aggressive）的本能回应。

人们可能会在工作过程中观察到同事的各种不敬业、顽固、自私等缺点，当越把注意力放在这些"对方的失误"上时，两人之间更容易形成僵硬的对抗关系。而不可否认的是，南希自己也需要对这样的困境负部分的责任。因为她产生了情况不可逆转的定见，而不愿意进行沟通的尝试，同时，她也沉溺在自己的委屈情绪里，而没有试图去理解记者的立场，也没有真正厘清记者抗议的究竟是什么。若要避免问题重演，并从这种逃避且不愉快的情绪中解脱，那么，是时候调整观点，并改变只使用单一方法处理问题的惯性了。

LIFO的核心就是处理人际关系问题，它让使用者能够深度自我觉察，知道自己的偏好风格与此种风格的长处；同时，还能让使用者更加理解他人，以理解为基础进行合作，进而改变工作关系。LIFO方法以心理学为基底，分析不同的行为风格，让人们能够学习如何"看见"各式各样不同行为背后的"价值观"。也就是让人们理解，很多你以为的冲突、争执与不合，其实是来自价值观的相异，而不是来自双方本身的恩怨私仇。

若没有建立这样的认知，便很容易产生这样的想法："别人为什么这样？""他是不是针对我？""他是不是在否定我？"换言之，很容易把别人的外显行为判断成他人对自己的好恶，或者对他人的性格进行本质性的批判："他只想踩着别人往上爬""他只顾自己，不顾整个团队""他神经质，配合度又低"等伤害感情又有失公允的评判。这些情绪性的语汇都忽略了真正的关键：他人之所以会做这样的事情，是因为他有和你不同的价值系统。

若要改变这样的情况，要掌握循序渐进的三大原则。

一、提升自觉

对自己风格组合的认识和了解，可以提供发挥自己长处的坚实基础。研读 LIFO 的风格描述，看看是否能掌握个人偏好风格的特性，并发挥相关长处。让一起共事的伙伴感受到你的特长，让周遭的同事知道你适合的分工与角色，并且随时留意不要做出过当的行为，以便维持顺畅的合作。

二、了解他人

在团队内分享 LIFO，并和他人讨论其意义，有助于让大家在不具防备性与威胁性的情境下欣赏彼此的差异。你可以用以下的方式开展对话："你对我的看法是这样吗？""我什么时候让你觉得还不错？""什么时候对你而言我表现得适得其反?""我们如何才能更加善用彼此的长处和才能?""讨论完以后,哪些问题我们能够以不同的方式处理?"

在日常的应用上,学过 LIFO 方法后,能够更看得出对方的偏好风格与背后代表的核心价值,因此,在沟通上更能掌握如何与相异风格桥接并共处的秘诀。

三、建立弹性的相处模式

LIFO 可以协助你辨识出各种情境里自己与他人会采取的偏好风格,以便彼此能更好地处理风格歧异与误解冲突。

就风格歧异的协商而言,人在某些人际关系里会感觉很顺畅,而在其他人际关系里难免有不合的情形。知道如何与不同风格偏好者相处融洽,可以扩展自己和各类不同的人相合的舒适圈。

LIFO 的沟通黄金定律

自小我们被教育"你们希望别人怎么对待你们,你们也要怎样对待别人。"但并不是每个人都想要被以同样的方式对待。

如果学会配合别人的风格来传递信息,你可以更快、更清楚和更有影响力地与人沟通。

也就是说,在与他人沟通时,建议采取 LIFO 方法的沟通黄金律：用别人喜欢的方式来对待他们。

有效沟通：与不同行为风格者桥接

LIFO 方法所说的桥接有三大步骤。

步骤一，找出别人所偏好的被对待方式。

步骤二，根据他们的偏好，调整对待他们的方式。

步骤三，请别人调整他们对待你的方式，使自己能更有效地发挥风格长处。

步骤一与步骤二，强调的是厘清对方偏好的行为风格，并选择以"投其所好"的方式沟通。步骤三则是在建立了信任关系以后，进一步地要求对方也用你喜欢的方式来对待你。

四种风格偏好的沟通方式

若对方偏好支持／退让（SG）风格，那在经营关系时，态度要足够尊重，要能够接纳 SG 的想法，对他们的需求给予再三的保证，并且强调共同的理想。 SG 通常乐于助人，因此，沟通时若让他们感觉到"需要你的协助""你的帮忙对大家而言很重要"，那他们通常会很愿意投入。

若对方偏好掌握／接管（CT）风格，那尽量不要婆婆妈妈的，让他们不耐烦，要让 CT 觉得你步调迅速、态度积极。在沟通时，要让 CT 觉得他接下来要做的事情充满了挑战性，让 CT 感觉自己被赋予了一个深具发展空间的机会，并尽量"授权"与提供资源，让他们能够大展身手。

偏好持稳／固守（CH）风格的人，比较倾向内敛保守。要与他们维持良好关系，不能用很情绪化、带有大量情感索求的方式来对待他们。反之，要以冷静而务实的态度与之交流。在沟通时，要根据事实说话，强调实用性，不能随兴或者草率地发言，亦不能不断改变自己的立场，要运用逻辑与结构清楚的方式和他谈话，否则会让 CH 失去谈话的兴趣。

偏好顺应／妥协（AD）风格的人，感觉似乎最好相处，然而，若要与他们真正交好，就要保持友善的态度。尽量不要以常规和细节来要求他们，要用幽默、和善并且愉悦的状态来相处，并且让他知道"和你在一起，我很开心"，同时，也尽量给予他们引人注目的机会与舞台。

分析完四种风格偏好的沟通风格以后，让我们说回南希的案例。她所负责的那位记者，主风格为 CT，给人的感觉比较刚硬、不在乎得罪他人、行动迅速、作风强势，是记者群里面产能最高的人（所以交出来的稿件也不精细）。南希若要与其沟通，需要做的是"有话直说"，这乍听之下有些不可思议，对性格强硬的人有话直说好似在往枪口上撞，然而，CT 风格者其实很能接受直言直语，这对他们而言比较干脆，也比较简单。他们的人际敏锐度偏低，因此，只要不是直接让他们难堪或影响他们的话语权，CT 通常不会为小事"牵肠挂肚"。南希需要让这位记者同事知道她协助改稿的价值，才能和对方一起创造出精彩的报道。

除此之外，南希应该把错误标示清楚，但不动手帮记者改，给予记者自己处理的空间，并在说服其修改时，强调犯下这些错误会对记者个人的可信度有影响，让对方知道这些错误可能会影响他个人的绩效与薪资，如此一来，他才会有比较高的配合动机。

综上所述，尊重他人与自己不同的价值观，并进一步调整自己对待他人的方式，是最好的关系良药。懂得如何桥接不同风格，依据对方的偏好来调整自己，让彼此之间的交流顺畅，是人际管理的不二法门。

为职业生涯发展立定主轴

我们生活在一个飞速发展的世界。局势变动剧烈,科技日新月异,知识经济成为核心生产要素,人才资本越发重要,产业转型的断代越缩越短。安稳地待在固定位置,认准、维持单一专业已经无法应付这个灿烂又高风险的社会。移动几乎已然成为职业生涯的常态,无论是物理上的身体位移,抑或是专业领域的扩展迁徙。

职业生涯,再也不代表稳固,而是代表新兴职业崛起、退休年龄延后以及非正统雇佣关系,比如斜杠人生、兼职工作、外包专案、远距工作与创业风潮的兴盛。

在这个百花齐放,同时也越发困难找到个人方向的时代,我们应该如何看待自己的职业生涯?我们如何抓住自己的发展重点,以不偏离主轴的方式策略性地思考自己的事业与前途?

用 LIFO 来谈职业生涯,讨论的不是个人职业生涯里应该累积什么样的技能点数,也不是如何拓展自己的能力,而是从根本性的部分来分析。

"长远而言,我适合被放在什么位置?"
"我应该找寻哪种性质的工作?"
"什么角色可以让我最大化地发挥自己的才能?"
"10年后,我会不会因为我做了什么或没做什么工作而感到后悔?"

换言之,在这个需要有极强适应力来应对外在变化的年代,LIFO 协助受评者找到合适自己投入的领域,让每个人在环境的巨变之下,仍能有着核心的指引。

LIFO 协助每个人理解自己适合什么类型的工作、适合担任什么类型的职务、在什么情境下能够做到如鱼得水。只要把握住这样的主轴,就能以"万变不离其宗"的态度来思考每一次职业转换时的选择。

四大风格职业生涯发展的重点原则

1. 支持 / 退让(SG)

偏好 SG 风格的人,在进行职业选择时倾向咨询别人的意见,希望能借由"听闻他人的见解""让比自己更渊博更有经验的人给予指引"来作为寻找方向的参考。

SG风格者的职业动力来自"做符合自己的理想而有价值的事",因此,在找工作时,要以具有意义感、能不断学习,并且能符合自己内在理想的工作为主,如此才能够长久经营,否则便会感到空虚及缺乏人生价值。

就工作类型而言,偏好SG风格者较喜好以团队合作为主的工作方式,期待团员之间的支持以及脑力激荡,喜欢助人、利他、共同进步、共同朝一个目标前进的充实感,因此,适合团队凝聚力强、需要合作而不是独立作业的工作。

另外,偏好SG风格者,需要被主管肯定与信任,若没有得到足够的反馈,便容易丧失动力。就长远职业生涯发展而言,找到一个伯乐,对SG风格者而言是很重要的。

在职业生涯的后期,SG风格者最常拿来进行自我检验的标准是:"我是否过了一个有价值的人生?"若答案是否定的,那他们退休后可能会因此有挫败感,认为自己不被需要,而丧失了再去寻找奋斗目标的动力,变得被动且过度依赖他人。若答案是肯定的,那SG风格者退休后仍然会为工作时未完成的梦想、过去想要追求但没余力完成的理想而奋斗。

2. 掌握／接管(CT)

偏好CT风格的人知道自己的目标,他们倾向于选择富有挑战性、能够证明自己能力的工作。

CT 风格者适合做可以独立掌握进度、迅速会有成果的工作，除此之外，他们在意"创新"与尝试"别人还没做过"的领域，在职业选择上，也能够在新兴领域开创一番事业。

就工作类型而言，偏好 CT 风格者比较不适合稳定、重复性高的工作，选择自行创业或是独立作业的工作比较能够发挥他们的所长。就工作的成就感而言，CT 风格者求快、期望能在短期内有工作成果，因此，寻找有足够发展前景、良好升迁通道的环境很重要。

偏好 CT 风格者在职业生涯的后期会自问："我这一生创造了很多价值吗？"对于新目标的追求，偏好 CT 风格者总是孜孜不倦，即使退休以后，他们还是会积极帮忙，不太给自己足够的休息时间。无论老少，他们总是乐于在各种新领域进行探索。

3. 持稳／固守（CH）

偏好 CH 风格的人比较倾向做保守而有把握的决定，喜欢能够发挥自己专业技能的工作，也乐于深耕一个专业领域，做长久的经验累积。

对偏好 CH 风格者而言，选择在稳定保障及明确规范的环境中做事，能够让他们比较有安全感，他们也可以放松地发展自己的长处，因为CH风格者会尽可能避免各种职业风险。

CH风格者适合担任分析与规划相关的角色，适合做稳定、重复、需要细心与整合能力的职位。另外，就工作类型而言，在公家机关、规模较大/建置完整制度的组织工作，对CH风格者来说较能发挥所长。

在CH风格者的职业生涯后期，他们可能会自问："我完成所有计划了吗？"退休后，他们仍然十分谨慎、有规划，希望人生一如以往的稳定。

4. 顺应／妥协（AD）

偏好AD风格者，在意职业类型是否能够带来声誉和认可，想要年轻、有变化的工作，并享受扩展人脉与社交圈。因此，AD风格者较适合创意产业、新兴领域、文化产业、服务业、广告业、传播业等需要创意而非一成不变的工作。

除此之外，偏好AD风格的人容易受到他人评价的影响，因此，在工作选择上，寻求符合对他来说很重要的人的期望也是首要的考量。

AD风格者喜欢一边工作一边享受，寻找一个企业文化友善、重视人和的环境十分重要，在这样的条件下，偏好AD风格者才能游刃有余地进行各种方案的企划以及组织内外的沟通协调工作。

在职业生涯后期，AD 风格的人通常会回头思考："我是人脉广而且受欢迎的吗？"由于 AD 风格者的工作动力都来自"人"，因此，退休后，他们通常都过着社交生活丰富的日子，继续享受与众人共聚的乐趣。

LIFO 方法教你如何把握基本原则，让使用者能够在大原则底下面对复杂而多变的外部环境，让学员能够少绕很多弯路，找到对自己而言的发展捷径，也找到最适合自己的精彩人生。

四种人生取向的人年轻时的职业定位

人一生中花费了大半时间在工作。无论职业发展是否顺遂、你是否乐意，工作所占据的时间可能比你恋爱、婚姻、交友或者兴趣所占据的时间都要漫长。除此之外，工作与生活之间的分界线也日益模糊。从前可以一日八小时工作，时间一到就准点下班，而现在，到了半夜，工作微信还响个不停，有太多需要多方联系的工作信息与代办事项，人们永远没有得到真正的休息。

工作的时数、重要性以及和生活的重叠率无限地扩张。既然如此，我们就需要审慎地思考该怎么规划自己的职业生涯。要把职业发展当成一场有战略性的马拉松，在不同阶段要使不同的力，让自己可以跑得又久又远。

青年时期的工作选择

在 25 岁前后，让人无法摆脱的职业生涯焦虑通常不是"薪水是不是比别人高？""是不是马上可以升迁？"而是"这份工作适不适合我？""我能在里面学到东西吗？""是不是可以让我有所发挥？""未来前景是不是良好？"也就是说，进入职场的头两年，是一个需要找到锚定点的关键时刻，需要开始摸索自身的位置、需要探讨可以发展的空间，并且努力像海绵一样吸收所有的新知识。

在这样的状况下，以高目的性与行动力来选择能够为未来铺路的机会就显得至关重要。

四种风格的求职密码

1. 支持／退让（SG）

对倾向 SG 风格的人而言，他们的自信心比较低，读书阶段容易觉得自己没有价值感（但这种无意义感、无价值感通常是虚幻的，因为当你作为一个没有价值感的人时，本来就不容易产生自我认可的感觉），学生时期的他们，通常会很努力地思索："活在这个社会，我的价值究竟是什么？"

因为这种自我怀疑的性格，SG风格的人从读书阶段跨入职场时是最脆弱且充满忧虑的，他们很希望能找到一个真的可以培养自己能力的环境，SG风格者很期待有主管可以带领他们度过这个时期。换言之，倾向SG风格的人很看重员工培训，他们期待手把手教学，渴望遇到用心的前辈，带领他们经历一场"蜕变"。

SG风格者喜欢在工作中学习，希望能借由职业成为一个更好、更全面、更优秀的人。他们通常倾向慢工出细活、团队完善、有参与感跟支持感，同事之间不是背叛与竞争，而是共同达成好的目标。"我们很重视人的成长""终身雇用""公司和员工一起成长"这类型家庭式的观念，都很吸引SG风格的求职者。

总结来说，对倾向SG风格的人来说，职涯初期，当自己还不够强壮时，首先需要考量的就是"良好的企业文化"。寻找偏向社会企业性质、具有健全的人才培训机制的公司，就是对SG风格者而言很好的事业起点。

2. 掌握／接管（CT）

CT风格者比较没有过渡期的阵痛，他们可以马上进入状态，毕竟CT风格者生性喜欢挑战，希望能够迅速展现自己的能力，并立即获得酬劳。倾向CT风格者喜欢充满机会的环境，他们希望这个环境依据个人能力给予升职与资源分配。

CT 风格者在求职时遇到困难，通常太过自信，即使没有相应的能力与条件，也无所畏惧地尝试，结果导致落选；或者太过好高骛远，没有从基层干起的打算，但自身能力又尚未到达能够三级跳的地步，因此谋职不顺。

除此之外，CT 风格者喜欢在市场上不断成长，他们不会想去夕阳产业或是传统产业，他们喜欢"年轻""成长""强调变革""重视年轻人""找新血来活化组织""企业转型"，他们想要走捷径，希望比别人有更快的职业突破，渴求被授权，不想被拘束与管理，他们野心勃勃，总想要马上赚到第一桶金。

对偏好 CT 风格的人来说，初入职场时要选有发展机会的工作，让他们的履历可以累积辉煌的成绩，而不是在一间朝九晚五的公司耽误青春，蹉跎岁月（但 CT 通常很容易跳槽，所以，即使暂时找到不适合的工作，也会很快地做出行动来迈向自己心仪的目标）。此外，对年轻的 CT 而言，他们自身的资历可能还不足，没办法让他们掌握实权。因此，找到风气足够自由的公司也很重要，这样才不会让年轻的 CT 觉得被束手束脚。

3. 持稳／固守（CH）

偏好 CH 风格的人，本身就有一种"好学生"性格。他们拥有专业技术，一步一个脚印，怕风险，怕失败，总是以最稳当的方式在运作。对 CH 风格者来说，"以不变应万变"是最好的攻克难关的方法。因此，即使在刚进入社会工作的初期，他们也都会以认真、肯干、努力而且谨慎的方式累积自己的资历。

对 CH 风格者来说，学校教育的架构是很完整安全的。因此，在校时期最好就开始寻求一些实习的机会，让他们稳稳地无缝接轨。对偏好 CH 风格的人而言，比较好的求职策略为：在还是学生的时候，就找好未来要发展的领域，基于自己所学的专业去发展，第一份工作就在自己擅长的领域内，这样比较有安全感。

尽量不要去刚成立且不稳定的公司工作，对 CH 风格者来说，可以找国家机关或者规模较大、老牌的机构，在一个机制健全的公司或单位里不断地深造，比不停地换工作更好。因此，对 CH 风格者而言，第一份工作一定要好好选择，因为他们通常第一份工作做的时间会比较久，所以不能随便找一个不值得投入的地方就职。在求职时，应明确锁定有良好升迁机制的地方，并且尽量找能够使用分析、规划、研究专长的职位，可以发挥所长。

4. 顺应／妥协（AD）

充满了创意与活力的 AD 风格者，适合到以创意为优势的新创公司发展。他们作风多变且充满怪点子，因此，在新创公司的自由风气下，他们会活得很快乐。同时，在新创公司的开创阶段，他们的企划与想法也可以提供很多灵感。若在一间稳固发展的老公司，他们的天马行空就只会被当成惹事或者不实际。但当一切都还在初始阶段时，AD 风格者的不受框架拘束、良好的社交手腕与资源整合能力，就可以成为极大的助力。

偏好 AD 风格者通常在学生时期就积累了大量的人脉，因此，也建议他们在找工作的过程中，记得妥善地运用这些人脉资源。另外，AD 风格者会喜欢形象良好、有名而且体面的单位，公司最好让人感觉时尚、年轻而且赋于变化性。换句话说，对 AD 风格者来说，第一份工作的职位可能不是最重要的，公司头衔可能比做事内容对他们更有吸引力。

5. 中年转职不用怕，盘点自己"想要哪种人生"

三十五岁以后，人生似乎就走到分水岭，成家的成家，生子的生子，升职的也早就成为领导。职业生涯走过了一半，好像很多事情都已经定调了。年轻时候的焦躁、彷徨、好高骛远跟恐惧，似乎早已烟消云散，然而，消逝的并不只是青春的躁动，更有可能是人生的"可能性"。

人到中年，不再需要拼搏与过关斩将，有可能是因为前面的累积已经给予足够的底气，"老本"丰厚，可以放松去追求真正想要的生活；也有可能是在柴米油盐中妥协，终日碌碌，工作不再是成就感的来源，而是无聊的重复，纯粹只是饭碗。

职业生涯下半场：聆听内心，做出正确决定

谈到中年转职，无论形式是跳槽、转行还是创业，最重要的不外乎两个问题。

1. 会不会一落千丈，失业落魄，再也无法爬起来？
2. 真正想要发展的"终生职业"是什么？

有趣的是，当人们已经来到职业生涯马拉松的中期时，想要转职，通常都是因为想要顺应自己内心深处真正的渴望，例如"在同个地方这么久，真的太安逸了，难道我要这样一辈子吗？"又或者"这个领域我已经摸透了，想要到别的领域去发展，去做自己之前一直想尝试的事情。"

因此，中年转职时的决定，相对于年轻时的职业选择，反而更与自身的"人生取向"相呼应。也就是说，当你到了中年，不再屈就于现实考量了，既然要跨出去，就要找真的与自己的价值观相应的选项，以此来作为"转职策略"，让自己做出不后悔的选择。

对现状不满，就是最大的转机

一位学习 LIFO 方法多年的学员卡蒂（主要风格是 SG，次要风格是 CH）为我们提供了极好的案例。

卡蒂在外企咨询公司工作数十年，工作行程总是紧凑逼人。身为中阶主管，她像是被夹在三明治的中间，在面对上司的同时，还需要管理下属，这让她感到很有压力。因为每种角色，卡蒂都希望自己能够做到最好，而这种完美倾向让她总觉得事情交给别人做可能会有疏漏，导致她时常不是以领导他人、制定决策的方式来做事，而是使用自己的专业能力，样样任务事必躬亲，累坏了自己。

除此之外，即使卡蒂的能力极出色，但相较于其他没那么努力、能干的同事而言，她的升迁之路却一直不算顺遂。不懂得居功，总是太过谦虚，导致她默默地做了很多事情却没有被看见，因而没有得到应有的回馈。

过了不惑之年，卡蒂重新回顾自己的事业、家庭生活以及个人的兴趣发展，觉得自己不满意这样的生活。她的孩子们也不小了，再过几年就要大学毕业了，他们对未来的职业选择感到很迷惘，卡蒂有点儿自责，自己似乎没有花足够的时间指引或者陪伴他们。就事业来说，卡蒂也意识到自己很有可能就只能停在同样的职位,不太有机会再往上升迁。另外,她也对职场的高压环境感到很疲倦,想要去做真正"有意义"的事情,重燃自己的活力与热情。

卡蒂想要离开就任多年的公司,但因为她的 CH 风格也不低,导致在做出改变前总是瞻前顾后,害怕贸然行动会惨遭失败,恐惧一离开从前累积的成果和多年的资历都将白白浪费。

直到有一群朋友们找她一起创业,意图搭建一个公益平台,进行青少年职业的规划与辅导,卡蒂才下定决心,和这群老友们一起出来自立门户。

因为团队成员彼此熟悉、相互信任,对各自的擅长领域也掌握得很清楚,她觉得这是一个好的转职计划,也是和过去经历的良好"衔接"。她不用抛弃自己多年来的专业与管理经验,反而能够更有主导性地聚焦在自己想要追求的目标上。卡蒂终于能够把自己的专长贡献在关切的议题上,这让她觉得自己又重新活出了价值感。

以卡蒂的案例而言,她确实感觉到了自己职业上的危机,那种无法再进步、只能当万年中阶主管的无助感。

然而,多亏卡蒂的 SG 特质,让她累积了一些交情深厚并且互相信任的同业老友,能够一起开创一条新的路。比起独自出去闯荡或者跳槽到新的公司重新适应,和老朋友一起为彷徨的青少年指引一条出路，是最让卡蒂觉得充实的选择。即使工资不如之前，但卡蒂甘之如饴。

不要冒进，但也不要畏惧改变

卡蒂的故事算是一个风险较小的转职案例（由于她的风格，她也不会选太艰难或者太剧烈变动的路），但卡蒂的选择让我们看到一个 SG/CH 风格的人，如何用他们较缓慢而谨慎的步调，有计划地规划转职的方法。

不同风格的人，来到职业下半场，会有相异的优势与挑战。以 CT 风格而言，他们可能一辈子都在变动，一辈子都在寻找更好的跳槽机会，所以，中年转职对他们来说也许不那么可怕。但偏好 CT 风格者，在转换跑道时，要注意过当的可能性，要运用过去的经验与优势，并从经验中控制好风险，而不要一下子赌太大，失败了难以爬起来。

而若以 AD 风格来论，偏好 AD 风格的人，转换领域时需要留意的地方是：他们通常在细节性的规划与评估上不够审慎、过度乐观，或者因为长期仰赖自己随机应变的能力而麻痹大意，这是容易导致失误的心态，要小心。然而，倾向 AD 风格的人到了中年，有丰富的人脉与丰富的人际资源，这绝对是他们的转职优势。

总结而言，无论你的风格是什么，到了职业生涯的后半场，若仅滞留在原地，焦躁、害怕被新生力量取代，却又无法确定自己还有什么剩余价值，那真的非常可惜。只要盘点清楚自己累积的基础、自身的才能及风格的优劣势，就请放手一搏，为你的后半生做出真正符合自己梦想的决定。

对症下药的时间管理方法

26岁的贝阿特丽采为CT／SG的混合风格者。她是外企的项目管理者,办事效率极高,沟通起来快狠准,不拖泥带水。但她总感觉自己不足,内心深处有种不安全感,觉得只要待在原处、停滞不前,就会被别人超越。因此,她制定了很多学习目标,比如计划去学基础的程序编码、日语,或是在闲暇时去上瑜伽课、陶艺课等,让自己能够活得更丰富,用填满自己的行程来获取安全感,让自己感觉"够努力""够完美",并且"没有辜负自己的野心"。

然而,纷乱的目标导致她下班后总是身心疲劳,因此,贝阿特丽采的学习效果也不够好,时间也越来越紧。她永远觉得时间不够用,好像自己陷入了一个无解的"时间贫穷"陷阱里。贝阿特丽采每天6点起床,1小时通勤上班,工作满9小时;下班后再到各种不同的教室内,心神不宁地上完课,搭车路上一边思考今天所学,一边回复同事的信息;回到家后囫囵吃个饭、冲个澡，一天就过去了。时间在她奔走、联系之间就流逝掉了。贝阿特丽采不知道自己出了什么问题，明明用最高效率的方式处理所有事情，甚至时常一心多用，却还是感觉自己在虚度光阴，对自己所做所学，甚至她很上手的工作，都无法全情投入。

事实上，贝阿特丽采的问题并不是她不认真或浪费时间在不必要的事情上，而是她并没有掌握适合自己风格的时间管理方法。

找到适合的时间管理方法

时间管理堪称历久不衰的讨论主题。没有好的时间管理，就不会有好的产能，也失去了许多自我精进的机会。我们时常听见时间管理的经典理论，也就是所谓的"80/20原则"：以事情的重要性来评估优先顺位，用80%的时间来处理那些20%的紧急事情。又或者，我们也常听见其他强调善用零碎的时间戒掉糟糕习惯，以及使用秘诀来提高效率的时间管理方法。

事实上，这些办法可能就和看那些励志鸡汤文章一样，乍看充满启发与收获，但转头回到日常，一天的时间又转瞬即逝。

为什么会这样？好的时间管理之道又是什么？

其实，大部分时间管理的秘诀之所以无法长久，是因为没有对症下药。很多时间管理的失效，在于风格特性的问题，而非自制力问题。也就是说，我们不应该用同一套方法套用在不同的人身上，一定会有因为个体差异导致的盲点。

举例而言，当谈及"按照事情的重要度安排好优先顺序"时，并没有考量到不同类型的行为风格者对于重要性的定义有不同的见解。以贝阿特丽采的例子而言，她的 CT 风格让她有"制定过多目标""迅速行动""求快导致无法扎实地练习好基本功"等特性，而她的 SG 风格又让她很在意自己是不是很优秀、学东西是不是真的学得足够深入，这两种特质导致贝阿特丽采既想要快速习得新技能，但又会因为自己学得很浅而自我批判，因此，她充满了挫败感。

而这些参与太多事情却又无法删减的特性，让贝阿特丽采在时间管理上，根本很难排出一个明确的优先顺序，因为她想要全部兼顾。这时，不厘清贝阿特丽采的内在动机，一步步解开，而只是给予"按照事情的重要度罗列好优先顺序"的建议，对她的帮助非常有限。再者，当提及"摆脱那些让你浪费时间的习惯"时，顶多只能给予基本的建议，例如，少刷朋友圈、少看网络上的视频等。殊不知，贝阿特丽采平时就没有在这些琐事上放纵自己，她并没有花时间在看手机或睡懒觉上。她并不是一个习惯糟糕、无所事事之人，但却仍然无法从容地运用时间。

这时，我们应该使用 LIFO 方法来进行时间管理的问题校正，并进一步探查各种不同风格者如何改善他们的时间安排以及提升学习的效益。

四大风格的时间陷阱与解决之道

1. 支持/退让（SG）

偏好 SG 风格的人因为精益求精以及追求完美而时常被卡在"要做到最好"的陷阱里。然而，把主管交办的任务做到足够好的程度，可能需要一周，但要把事情做到毫无瑕疵，需要花费的时间成本可能是两倍以上。以这种速度来完成被交办之事，基本上不现实，因此，也很容易陷入"全有/全无"的心理机制，也就是如果这件事情我做不好，我就干脆不要做。

另外，偏好 SG 风格的人很容易因为渴望展现自己对团体的价值，而对太多人说"好"，从而揽下超过自己承受范围的事情，并且疏于列出助人的优先级，让自己焦头烂额。这种行为模式背后呈现的内在忧虑其实是"我会不会错失一个被感激的机会？""我会不会没能参与重要的项目？"也就是要求自己达成各种期望，并且意图当救世主拯救每个人。

换言之，SG 风格者的时间管理问题是完美主义与"人际界线感"模糊，时常瞎忙于自己的分外之事。

那该如何改进呢？首先，要牢记并时时提醒自己"什么是我真正需要的""什么是我真正的任务"，关闭让所有人都来寻求协助的方便之门，专注于自己的事务，并且，给每件事情订下期限，练习在到期限时，无论做到什么程度，都一定要将事情告一段落。

2. 掌握／接管（CT）

会让偏好CT风格者产生时间焦虑的原因主要来自害怕自己丧失表现的机会，或者害怕没办法在有限的时间下表现出自己的能力。

偏好CT风格的人时常败在太急、想做的事情太多、把每件事情都当成急事，并且求快，事情如果短时间内没有成果就容易放弃，好高骛远导致效能低下。因此，偏好CT风格的人在时间管理上遇到的问题其实就是缺乏持续力，总是从一个任务跳到另一个，让先前的努力都功亏一篑，也容易让所有计划都停留在不同阶段，但无一完成。

如果你是那种风风火火、偏好CT风格的人，请记得要重新调整自己的时间分配方式，以免徒劳。要谨记"我的重点""我该集中精力的少数任务"，并且设下明确可达成、不会让自己失去耐性的目标，例如这就是今天要做的"那件事"。同时，每次设立的目标彼此之间要有连续性或者联结，让每次都达成一点儿小成就，长久下来，就可以实现大目标。

3. 持稳／固守（CH）

偏好 CH 风格的人常常陷入的时间管理焦虑为"我没有足够的时间来进行周详与完备的准备""我还来不及了解情况"。会有这样的忧虑，是因为偏好 CH 风格者时常参考过多的文件，仰仗大量资料来建立认知，但又容易产生过度搜集资讯导致犹豫踌躇的状况；他们倾向在会议中不停地预设与沙盘推演过于详细的细节，从而迟迟不做决策，并且因为想要找寻更多资讯而不采取行动。

换言之，对偏好 CH 风格者而言，要注意分析工作占据过多时间的问题。CH 要常常自我提醒：按部就班、太力求扎实的方法，不适合应付紧急状况。

若偏好 CH 风格者要调整自己运用时间的方式，重点在于缩短前置作业时间，放宽标准作业程序（SOP）的遵守严谨度，并且专注于"我的行动"，也就是去做、去实践。

4. 顺应／妥协（AD）

偏好 AD 风格者害怕失去认同、没能成为注目焦点，因此，他们会花很多的时间与心力在被认可、被喜欢上，由此衍生出过多的、不是当务之急的社交与聚会。同时，也容易因参与过多的会议、等待别人的领导（配合他人而不是主动行动）、喜欢接纳新变化导致事情不容易推进，并且受太多可能的选择所吸引。

这种情况容易让偏好 AD 风格的人在进行时间管理时缺乏规划，他们倾向于随兴妄为、推卸责任、事情永远是最新草案而非最终定案，并习惯突然地改变方向。换言之，AD 风格者因为有创意且具有高度弹性，时常违反标准作业程序（SOP）或者规矩，并且容易在执行一件事的过程中为其他事项或者他人的动态而分心，转而去进行不直接相关的其他（更有趣）的事情，容易忘记"初始的重要目的"。

若要补救且提升时间管理之道，AD 风格者需要明确自己的方向，需要时不时确认自己走在正确的轨道上，告诉自己"这就是我认为要做的"，并有限制地参与社交活动，以免过度浪费时间。要知道如何把自己的事情做好、如何扎根在自己身上而不是随波逐流，让自己能够实践核心的目标。要理解自我精进比花费时间与人交往更能够得到欣赏与赞同。

综合四种行为风格的时间管理法，我们可以看见，LIFO 强调每种风格都有自己的价值观以及核心目标，若要有效改善自己的拖延症，要先理解自己的风格，并依据风格的盲点来改进，才能抓住症结，有效解决个人时间效能的问题。

让我们说回贝阿特丽采的案例。在时间安排上，贝阿特丽采该做的是好好地设下一个合理的底线，针对自己的可负担程度，以及评估该放下哪些占据她大量时间的事项，不要每一件事都那么急。

放下 SG 风格容易有的自我批判，重新盘点到底哪些安排是出自自己不够好的恐惧，哪些安排又是真的必须（例如，她如果学会基础的程序编排方法，对她与程序员沟通有很大的助益，而其他外语能力就可以缓一缓或把课程安排的间隔拉长），同时，也放下 CT 风格者贪快、求新求变的心理状态，让每一个计划的安排都有长期的蓝图，学习目标不要一下子从程序编排跳到语言学习又转换到练习瑜伽，这三者之间并无共性，很难累积出什么成果，同时进行只会造成负担。

比较合理的安排是：从程序编排到网页设计，或者从单纯地学习瑜伽到考取师资证等的历程。贝阿特丽采可以适度转移所学内容来抑制住 CT 风格者喜新厌旧的特性，但也要记得学习不要虎头蛇尾，或因为在短期内无法成为杰出的佼佼者而气馁放弃。

当然，不可否认，很多时候我们的时间管理问题是来自无法专心，在这个浮躁的时代，人们总是有大量消耗时间的琐碎之事要处理，各种信息都会干扰我们的专注力。这时，与其指责自己懒惰、定性不够，不如从更深层次来检讨自己是不是对时间的运用有着错误的信念，错估了时间使用或精力投放的策略。

例如，偏好 AD 风格者，对时间的信念可能是"时间的使用可以很有弹性，做事情未必需要按表操演"，抱着这样的信念，就很容易虚度光阴、过度乐观地评估自己所拥有的时限，因此跑去做很多比较轻松、比较有趣的事情，让自己沉浸在一种充实的幻觉里。他们的时间管理问题未必单纯来自性格慵懒，更多的可能是"缺乏危机意识"，因为把随机应变的小聪明当作常态，而把大量的时间花费在不重要但让人愉快的事情上。

而偏好 CH 风格者，对时间的信念可能和偏好 AD 风格者大相径庭，他们总是觉得时间很紧张，把所有该做的事情都提前安排好，以一种未雨绸缪的方式进行时间管理。乍听之下，这好像是一种优点，而不是时间管理上的障碍。然而，正是因为他们对时间采取一种过度谨慎、防患于未然的态度，反而减缓了偏好 CH 风格者的行动力。他们永远在规划上预留了大量的时间，却完成不够多的事情。换言之，他们原本有更大的潜力，但却被这种过度忧虑的时间管理方法耽误了。

综合而言，时间管理其实就是一种取舍的艺术，不同风格者要根据自己的行为取向来评估如何调整自己对时间的错误认知、过当行为，以及该怎么采取最适合自己的方法，才能在兼顾生活的同时，又达到期望的成就。

设计自己的高效学习策略

谈完时间管理后,我们可以来看看与时间管理高度关联的"如何提升学习的效力"。

我们一生都需要学习,在不同的人生阶段,我们有着不同的学习使命:学生时期,学习更像是被动的灌输,我们每时每刻都在辛苦地吸收老师教给我们的知识,但在那个当下,我们未必真的清楚学习的动机与目的;开始工作后,学习成了个人的事情,没有人会为你的生涩买单,即使还不熟悉工作项目所需要的技能,我们也需要用最快的速度赶上,才能适应瞬息万变的职场。然而,无论在哪个生命历程、哪一种身份阶段,学习力的高低,其实也决定了你的适应力与竞争力高低。若你还很年轻,不知道学习的意义何在,那你需要做的是从解决根本问题着手,找到属于自己的学习动力;若已经设定好目标,却总是被学习的压力打败,那你就需要重新检视自己的学习方法,以及进行相关的压力管理,让自己能坚持学习。

换言之，要能够快速吸收知识，有两个关键点。

设立目标，明确方向，才能全力以赴

不同人生阶段、不同风格者，会有相异的学习动机与目标，厘清并诚实地面对自己学习的动机与目的是提升学习力的第一步。

举例而言，一位偏好SG风格的学生，可能认为自己应当满足师长心中的期待，而努力想要提升自己的学习效力。进入职场后，则是期待自己能够成为可被信赖的、出色的员工，而持续不懈地精进能力、发展长才。换言之，SG风格者的学习目标比较倾向于"成为一个出色而符合他人期许的人"。他们的学习动力很大一部分来自达到外界对自己的高标准的寄望。

相较之下，偏好CT风格者的考量就比较倾向于个人层面，他们想要在竞争中拔得头筹，希望自己是永远的胜利者；进入社会后的学习，也是基于想要攀升到更好的位置。对他们而言，学习的目标在于"成为这个高竞争的社会中的佼佼者"。

偏好CH风格的人，则可能抱持着谨守本分、一步一个脚印才能实现自己的梦想的信念，从学生时期就踏实地用功，工作以后也以务实而非好高骛远的方式安排自己的学习，他们的学习目标在于"让人生维持在轨道上""维持稳定的进步及成长"。

而偏好 AD 风格的人,在学生时期,学习的动机是让自己成为耀眼、才华横溢的受瞩目者。职场上的自我精进,核心目标在于"让自己见闻广博、熟知多方事物,并且能在各式各样的场合中展现自己的开放性与热忱"。

不同的风格偏好造成迥异的学习目的。厘清自己的学习动机与目的,能够让学习者重新设定学习的方法,也能够更加巩固其"学习意志"。

CH 风格的案例故事

以偏好 CH 风格的克雷为例,他是一位 28 岁的产品设计师,自大学毕业以来,在一家公司待了六年。由于单位规模小,克雷资历又深,因此,在他待到第五年时,公司里各式各样的平面设计、产品设计、影像拍摄/后制、企划以及行销皆由他一手包办处理。无论负责什么,克雷交出来的成果总是非常细致,由此可见其惊人的学习能力。如果单看以上叙述,可能会以为克雷是一位非常积极且极具事业心的设计师。

然而,真实的状况是,克雷并非主动地、求知若渴地学习这些技能,他把所有的业务摸熟是因为公司不大,员工被期望拥有多样工作技能,而导致克雷"实务上"就是需要会那么多种技能。也就是说，克雷从一开始就很清楚，自己学习的动机是"应对职务的需要""应用性""端稳自己的饭碗"。由于他的学习目标和他的风格取向很一致（也就是紧紧贴合职场的生存需求），他能够全心全意地驱动自己"学习"，用稳妥的方式掌握这些新的技术技能。

AD风格的案例故事

偏好AD风格的蒂芙尼是一位高中生，正面临高考的压力。她从小就学习各式各样的才艺——钢琴、跳舞、油画与第二外语，她天赋异禀、聪明，而且反应快，但总是学艺不精，一个才能稍微上手了，就不想花时间练习。蒂芙尼的母亲知道她兴趣太多、不专心课业，因此很担忧她的升学状况，每天苦口婆心地劝她要专心，大学考不好，会影响接下来的职业发展。但蒂芙尼听不进去，这对她来说都是太久以后的事情。

直到她和朋友一起去参加大学博览会，认识了一些学长、学姐，她发现好大学的学生都在校园生活、社团、学生会等各个领域过得多姿多彩。蒂芙尼很仰慕的一位学姐就读于牙医系，她还学习了爵士舞蹈，时常担任MV舞者，偶尔也接平面模特的事情；而这位学姐周遭的朋友各个都学业表现优良、外貌姣好，很早就开始积累自己的工作经验，甚至培养能够当成副业的爱好，这些人形成了光鲜靓丽的精英小圈子，对于后续的创业、职场上的人脉等都有很大的助益。蒂芙尼很向往这样的未来，这样明确又丰富的生活深深地鼓舞了她。她开始全心投入在眼前枯燥的课业上，为上好大学而努力。

这两个案例让我们了解到，要提升学习效力，首先需要挖掘对自己最有效的学习目标。如果对一位偏好 SG 风格的学生说："考试考得好，才能够在这个竞争激烈的社会中生存。"SG 风格的学生会感觉很没劲，心想："我又没有要拼输赢。"但如果把目标稍作置换，让这位 SG 风格的学生知道，他的父母看到他的进步会引以为傲，或者考上好大学，他就能跟现在最好的朋友继续同窗苦读，情况就会完全不同，这位学生会因为想要他人的肯定以及联结感而充满干劲。因此，我们在设定学习志向时，要先为自己创造出最诱人的"奖励机制"，并专注地想着这个目标，如此就能全心全意地进入最佳的学习状态。

依据风格制定策略

就学习倾向而言，CH 风格的人与 CT 风格的人比较偏重个人努力，而非与团队或好友们共同讨论，或是筹组学习团体来增进自己的效能。

CT 风格者倾向于花费精力在学习如何解决现在面临的问题上，而非单纯因兴趣。CT 风格者不倾向于在预估不到效益的状况下就投入精力于新的领域，不为看不到成果的事付出努力。因此，他们乍看之下涉猎甚广、具备冒险性、对新兴发展的议题具有很前瞻性的思考，但在他们确定这个新的知识领域能带来实质性的好处前，并不会真正投入心力在吸收与反刍上。

偏好 CH 风格者对系统性的知识感兴趣。CH 风格导向让他们不喜变动，学习时，只要有一套既有体系可以遵循，他们就会感到很安心，尤其当所学习的知识可见其实用价值时，他们会更加专注。哪怕过程困难或需长时间才有成果，CH 风格者也愿意努力投入。因此，他们通常在一个领域会走得很专精而深入，而比较不偏好拓展跨领域的能力（除非职位或是现实状况需要如此）。

相对而言，对 SG 风格者与 AD 风格者而言，团体式的学习能给他们很好的成果，他们会在"与大家一起努力"的共同学习中得到快乐，也会在相互之间的切磋中得到养分。

偏好 SG 风格者，本质上就乐于学习，书中自有黄金屋，获取知识就是他们成就感的来源。虽然短期内不太容易见成效，但只要心中的信念支持所学的是有价值的，自然能有自我激励的精神力量。在实务上，SG 的理想性及追求完美让他们总是愿意思考："有没有什么比现在更好的做法？有什么我还没有学到的更好的典范？"

偏好 AD 风格者，在学习中，善于跳脱现有框架，进而能改善现有做法的僵化之处。AD 风格者的创造力让他们很愿意尝试各种看起来无用却有趣的新东西，而这种偏好有时候会让他们看起来对任何事都只有三分钟热度，但往往这些不具功利目的的学习会让他们建立很丰富的"知识数据库"，在他们需要思考、动用创意时，他们能够迅速地连接各种看似不相关的领域与经验。

了解四种风格在学习上的倾向后，让我们来看看，有哪些方法可以有效地提升相关风格的学习效力。

1. 将探索欲转变成学习欲——CT 风格与 AD 风格的良方

此种策略适合偏好 AD 风格与 CT 风格的人：把自己对各种新奇事物的浅尝辄止转换成真正有所积累的学习。

对 AD 风格者而言，探索新事物很有趣，但要认真学习，他们可能会觉得有点辛苦。既然如此，就应该避免使用背诵、重复操演的方式来消灭原本的探索欲，而应该使用互动性、娱乐性、方便性以及随意性强的方式来维持学习的热度，诸如使用 App、线上课程，甚至组成线上与线下的学习互助团体等。

设计一些有趣、有变化的团体活动也是 AD 风格的学习偏好。

对 CT 风格而言，此种策略的重点在于，放下急功近利的心态，相信原来身边所忽略的事物或技能，都能提供很好的自我提升机会。偏好 CT 风格者，可尝试把原先所忽视、认为没多大功用的知识技能领域转为其他更有创新的应用。举例而言，我们的一位从事管理咨询的学员杰奎琳对占星很有兴趣，但她只把这个兴趣当成一种消遣，而不觉得占星会提升自己在职业或生活方面的能力。然而，当杰奎琳的朋友开始请她帮忙解盘、开解人生问题时，她对占星才开始认真起来。

杰奎琳发现占星时需要动用聆听与咨询技巧以及找出打破惯性／解决问题的方法，其实可以应用在她自己的咨询工作上。而她也发现自己原先功利心态的盲点——忽视的任何一个新领域的激荡都可以开启很多不一样的新视角，重点在于不要轻易认为这些技能无用就只停留在探索阶段，而应该深入地学习。

2. 有效的休息安排——SG 风格与 CH 风格的良方

对于勤奋又有韧性的 SG 风格与 CH 风格学习者而言，高密度的学习时间似乎是最直观的提升学习成果之方法。他们认为学习时间投入越多，可以掌握的知识就越多。

偏好 SG 风格者，在学习时常常会把自己的精力用尽，即使已经明显感到专注力下降，仍然不愿意去小歇片刻，用抗拒休息来弥补内心深感"学无止境"的焦虑感。不愿意休息、让自己过劳的努力心态，或许会给他们带来一种学习上的安全感：我都这么努力了，不可能没有收获。SG 风格者倾向透过投入大量心力的学习来得到自我肯定。然而，真正的学习力，其实不在于有多刻苦、多勤奋，而在于是否有效地吸收新的可用的知识或资讯。

对偏好 CH 风格者而言，有限的精力往往无法面对无尽数量的知识内容。如果有个明确的指引来按部就班、遵循程序的学习，就能省下不少心力。否则，面对桌上的书堆或是线上众多的数据资料时，就算不眠不休，也无法真正全部吸收。尤其当 CH 风格者陷入某些细节时，容易产生"见树不见林"的问题，最终耗尽心力却徒劳无功。

越来越多的研究显示，高品质的休息有助于我们的学习。美国国立卫生研究院（National Institutes of Health）的研究表明：短暂休息对于学习的重要性几乎等同于努力练习，大脑通过短暂休息来巩固对前一刻所学知识的记忆。

硅谷顾问方洙正（Alex Soojung-Kim Pang）在其书《用心休息：休息是一种技能》中强调，人们应该视休息为投资而非消耗，而休息需要方法，它是一种需要学习的技能。用心休息（deliberate rest）有助于释放累积的压力，协助学习经验进入记忆体,刺激潜意识空间保持活跃。

然而,有效休息指的并不是每 15 分钟就分心跑去逛逛社群朋友圈,亦不是稍感劳累就去补觉(事实上,花很长时间睡觉的休息效果不一定优于运动或烹饪),而是让自己能够在大脑思考中转换心智模式。例如,从极度的专注中,暂时抽离出来,去散步、浸润在喜欢的事物中、聆听音乐、与人交谈等,让自己去做一些和刚刚所学的技能之间不直接相关的事情。这些方法有助于头脑重新整理资讯,亦有助于刚刚累积的知识与其他生活面产生关联,而更加巩固所学的知识。同时,也能冷却 SG 风格者的过于追求完美以及 CH 风格者的太过耽于内容细节等过当行为,让学习更轻松些,以免耐不住压力而放弃。

3. 找到具备共同目标的支持团体——SG 风格与 AD 风格的良方

此种策略适合 SG 风格与 AD 风格的学习者。

SG 风格学习者对他人抱持着善意与信赖,在团体内,他们通常不竞争、不比较,也不藏私,会热切地提供自己所拥有的资源与信息,并主动协助其他成员学习。在这种具备诚挚品质的良性互动中,偏好 SG 风格者能够在支持团体内得到很好的回馈与滋养,在他们帮助他人学习的同时也加深了自己对知识掌握的熟练度。

而偏好 AD 风格的学习者，也很热爱以交友的方式学习，他们喜欢一来一往的互动对话，也喜欢认识很多人，这会给他们带来快乐，这种天马行空、轻松交流的经验，让 AD 风格的人觉得学习很愉快。对于他们而言，持久不断地参与学习团体，目的很可能不是为了掌握知识内容本身，而是喜爱彼此共聚而有所成长的感觉，而这种心情对他们的学习动力有很正向的助益。

当这种偏好 SG 风格与 AD 风格的人在学习上感受到压力时，支持团体也能带给这两种人很大的温暖。SG 风格高者在学习面临挫折时，会尝试寻求外援；而 AD 风格高者则倾向以个人的接触、找合适的对象谈话来排解负面心情。

LIFO 方法在提升学习力上有很多的应用之处，从学生的课业至职场工作中的学习。上文从我们的实证辅导中，点出了各种 LIFO 风格的学习特色，也建议各种风格者相应地提升学习力策略。对于学习者及负责教导的老师、企业主管、人力部门乃至父母，皆可尝试采用。

两性关系指南：
找出殊途同归的那条路

为何要谈两性关系？

两性关系有千万种剧情迥异的问题。在感情关系中，常见各式各样的"缺乏共识"：一人热爱交友，另一人喜欢独处；一人把日子过得像年节般热闹，另一人需要个人空间；一人热情奔放，另一人却含蓄内敛。单是个体之间大相径庭的性格、成长背景、世界观与生命经验，就造成大量磨合、猜忌、怀疑与适应，更遑论不同性别的生理状态、社会养成以及各自对性别角色的认知与期待。

各种不同的差异交织在一起，使得在感情中的两人始终很难真正频率一致。大部分人在两性关系中总像在黑暗中匍匐前进，一边走一边探索，永远无法预知前方的险阻如何克服。

更何况，双方受到吸引并交往，时常不完全是基于客观的条件或理性的原因，更多的是各自对理想伴侣的投射、当下心理状态的需求、共同经历过一个状态，或者那个阶段的机缘。换言之，彼此并不是在"仔细评估"后才决定交往的（当然，仔细评估后交往也可能有各种相处上的问题；或者也可以说，爱情的吸引力本来就是很难被评估的）。因此，当爱的美化滤镜消退以后，现实的问题、日常的龃龉、彼此风格的不同就浮上了台面，日益清晰。而这时两人需要在现实的生活中真正面对实际的问题。

因此，我们要探讨的两性关系如何维持、如何相处，是希望能在保有浪漫之外，通过良好而完整的分析系统，通过我们理智的眼睛去看清双方的关系，让彼此的差异成为互补而不是怨怼，让彼此的共同点可以成为一加一大于二的支持力。

检视彼此协调的可能

LIFO 作为一种处理人际关系的方法，最大的效用来自对互动所产生的情形与结果进行务实的分析，应用在两性关系里，能够把两人情感中错综复杂的情况归纳成清晰明确的认知框架，使得情侣们得以暂时放下情绪，使沟通成为可能。

首先，就大方向而言，许多情侣间的争执来自对双方话语的误解，而这样的误解又来自两人本来就不一致的价值观。因此，唯有先厘清以下三点，才能够真正开启对话。

1. 自己对感情的价值观是什么？

先问问自己，到底期待怎样的关系？对关系的需求是什么？而目前关系中没有被满足的部分是什么？

很多时候，我们羞愧于承认自己真实的渴望，可能我们想要被保护，希望有人照顾，想要真正地被了解，想要让自己有价值感，希望对方给自己面子，想要与伴侣很有干劲地一起打拼，或者希望能够有一段足够自由的关系，但因为这些愿望听起来不实际，与现状不符，或者这样想象关系中只考虑到自己，有点儿自私，所以只好把这些声音埋藏到内心深处，对自己的渴望充耳不闻。

然而，要解决问题，永远要从诚实面对自己开始。

诚实面对自己对感情的"需求"并不丢脸，你会有所求，并不是因为你脆弱或是以自我为中心，而是因为你的"价值观"如此，这是你对感情的认识论。

以 LIFO 方法而言，不同行为风格伴随着不同的价值观。因此，可以先厘清与检视自己可能的偏好风格，并从中加强对自己的深度理解，知道自己到底想要什么样的关系品质。

举例而言，偏好 SG 风格的人可能希望双方拥有高品质的陪伴，互相依赖照顾，希望彼此能够对未来有共同的愿景，情人不只是忠诚的伴侣，还要是知音、可信任的对象。因为偏好SG风格的人对感情的价值观就是"携手成长"。

偏好CT风格者独立性强，对关系的掌握欲强盛，希望伴侣能为自己"增光"。因为他们的感情观其实是"行动与挑战"，希望伴侣能一起积极地朝有挑战性的目标前进，彼此的关系也像是一场精彩良性的博弈，相互冲击而成长。

CH风格者务实、规矩、不轻易离弃，同时对情感表达很节制，因为在他们的价值观里，感情需要"理性与规划"，让彼此的人生在保有各自的空间下，来规划共同的人生；在良好的情绪控制下，克制比激情更重要。

AD风格者幽默有趣，希望伴侣能够时常给予自己良好的回馈，同时，很在意伴侣的形象，也希望对方可以和自己一起享乐以及探索新的兴趣。因为，对他们而言，爱情是一场"缤纷的享受与惊喜"。

只要厘清了自己的状态，便能够进一步探讨：另一半可以如何达成我的需求？我们应该如何沟通？对方在关系中，真正渴望的又是什么？

2. 对方对感情的价值观是什么？

亲密关系毕竟是两人关系，因此，在厘清自己的需求以后，可以开始尝试着"换位思考"，观察对方的偏好风格、行为取向与感情观，以此找到能够贴近对方期待的方法。

　　有趣的是，一开始你可能以为这是单方面地在满足对方，但在这个过程中，你也会发现，许多日常中的争执是来自对彼此的误解，而非两人关系真的已到了无法转圜之地。

　　例如，你可能总是嫌弃对方不愿意好好聊天，打电话也总是草草收尾，即便你对他抱怨一整天工作上的不顺、同事不合、上司难搞，他却只是在对你说理，完全没有同理或者安抚你的意思，给予的回馈总是这么少，好似对这段关系心不在焉。然而，在对方偏好的 CH 风格的价值观里，也许他认定的感情经营就是循规蹈矩，定时联系是他尽责任的一种方式，是他对你的心意。他不知道怎么"走心"，也不善于回应情绪化的言论。在对方的认知里，给予你理性而实质的建议对你才真正有助益。尤其他是这样一个界限感清晰的人，若不是他在意的人，他也不会花时间对别人的人生品头论足。换言之，在这个案例里，双方的问题不是感情消逝，不是无心经营关系，而是两人对"关系应当怎么经营"具有期待上的落差。

　　理解了这样的落差，你就能够比以往更看得见对方的好，同时，也会知道该如何配合对方的认知。

3. 两人如何异中求同？

　　两人相处，终究是求一个"最大公约数"，难免需要彼此忍耐、相互配合，但只要有心，永远有"异中求同"的机会。情侣之间差异再大，也一定能找到彼此桥接的方法。

重点在于，看清自己、理解对方，先搞清楚自己的需求，再同理对方对自己的预设，知道彼此可能会有的互动，并尽量以对方喜欢的方式对待他，避免使用情绪性的指责。也就是说，既不迁就让步，又学习用更圆融的方式来面对情感课题。这不是自我中心的颐指气使，也不是单向地迁就配合，而是用更成熟的态度来面对彼此的差异，一同处理势必会有的问题："彼此满足就是如此困难"，要意识到对方本来就不可能是完美的伴侣，但双方都可以微调，让自己更靠近对方的需求。

LIFO 对两性关系的助益

在我们多年的开课经验里，时常有学员拿着自己的测评结果来询问："像我这样主风格是 CT、次风格是 CH 的人，适合找什么样的人交往？是不是只能找 CT 风格的人或 CH 风格的人？"又或者，在预测型的问题之外，也常听到这样的问句："我是偏好 SG 风格，我女友是偏好 AD 风格，我们是不是不适合？"

然而，本来就没有所谓的"最适合"，SG 风格的人与 SG 风格的人交往可能彼此苛刻地用高标准检视对方，AD 风格的人与AD风格的人可能两人都各有自己的场子，日子过得喧喧嚷嚷，但其实貌合神离。LIFO方法的用途也不是问卦求卜、预测双方的未来，而是用一种务实的方式来看两人"当下的关系"，并从中找到解决问题的可能性。让双方在关系内时能够维持相对正向而有建设性的沟通，深度自我分析，换位理解对方，减少不必要的争执。

而若学员的两性关系是稳定的，双方也有意愿朝着更稳定的方向发展，那么，LIFO会是一个很好的协助工具。增进对彼此风格的了解，就可以帮助两个人发展彼此的关系、谋划未来的生活。

而以下的篇幅，我们将把两性关系的议题分为两大主轴，在这两部分的篇幅里，会有四种不同风格的行为模式、对关系的期待，以及相处方法的讨论。

第一，初识阶段。使用LIFO框架来判断对方的喜恶、喜欢的相处模式，进而扩大建立关系的概率。

第二，磨合阶段。在初识阶段，两人的表现与互动通常与关系稳定期有不小的差异，也就是说，在关系初期，策略性的自我表现或者配合对方的行为可能比较多。但当热恋期过了以后，滤镜光环皆褪色，又该如何与自己的伴侣找到长期的相处之道？该如何实现差异互补而非互相消磨？我们将在后续章节有详细的讨论。

1. 约会初期，依据对方风格决定相处之道

在远距离沟通、交友软件盛行的今天，男女认识的初期，我们要怎么提升自己的吸引力？到底该怎么通过冷冰冰的文字让人对你产生兴趣？表情包跟贴图要节制还是大量使用？其效果到底是轻浮还是高冷？要怎么邀约，对方才愿意跟你碰面？前几次约会又要怎么表现，才不会让人从此避不见面？

这应该是男女普遍的焦虑，佛系恋爱当道，原因可能不是真的清心寡欲，而是线上沟通、见面、决定交往的这些过程实在有太多社交细节需要注意，若没有信心把握，不如装聋作哑当懒人。LIFO 方法能够提供比较清晰的方式，让你清楚地解读相处时对方给出的所有线索，让你不至于在东猜西想中绕太多冤枉路。

在职场上，我们都知道，首次接触如果使用电子邮箱沟通，适当复制对方的风格容易得到更好的印象分。举例来说，对方如果在工作交流时使用表情符号表达亲切，那你也可以这样做。对方如果言简意赅，那你最好也使用最直接的语言沟通。

线上交友或者认识新朋友之后的后续联络，也是一样的道理。只是要记得，因为你是谈恋爱，不是当部属，所以要揣摩对方喜欢被回应的方式，但同时也保持自己的特色。也就是 LIFO 方法里常说的："用别人喜欢的方式对待别人。"只需再增加一句："同时也用你喜欢的方式来回应对方。"亦即，

在最开始的传信息的过程中，就要慢慢摸索两个人谈话方式的公约数，这既能够让对方开心，同时又能让你保持特色，散发个人魅力。

（1）与SG风格的约会要点：聆听、尊重与回馈

若就对不同风格的回应方式而言，偏好SG风格的对象给的信息通常比较细。举例而言，你们要约见面，如果他选定一家餐厅，就会跟你解释选择这家餐厅的理由，比如这家餐厅哪里好，等等。这种细致琐碎来自对方希望你能够"看到他付出的心力"，但又想要隐晦一点儿，避免突兀。

换言之，SG风格的人通常在行为表现上因为矜持而被动，你可能只会觉得他的信息很友善，但不清楚对方到底是性格亲切还是两人真的有戏。

因此，在回复信息时，要记得能够读出这些隐蔽的心理需求，要适度地给予足够的回馈，才能真正接到对方抛出来的球。不要只回应："好啊，就约这家餐厅吧！"而是要回复："谢谢你，我也很喜欢意大利面，但地道的餐厅不多，你选的一定很棒，我很期待！"让对方感受到你对这段关系有相等的诚意，并且可以解读出他话语背后真正想传达的信息，让他感觉到你们在喜好、品位与价值观上的相似或者彼此理解。

除此之外，SG风格的人喜欢比较交心的谈话，这是一个明显的指标,能够反映对方到底有没有把你列入"可发展清单"。

他们是很好的聆听者，通常乐于和人进行深度谈话，但他们也会非常在意于你有没有在听他们说话，所以请不要自顾自地夸耀，也要注意对话中发言与聆听的比例，并多关心对方的生活。在气氛良好时，偏好 SG 风格的人愿意袒露自己真正的想法，但要注意，当他在陈述自己的想法时，其实同时也在审视你跟他有没有类似的价值观。

他会讲到自己在乎的事情、最近进行的事情与背后的意义。在初期认识时，就多聆听，给予尊重，适度夸奖，并尽量不要干涉或批判对方的价值观。举例而言，若他说自己需要 10 点前到家，请不要挑战对方的原则："成年人了，可以自己选择几点回家吧！"而是回应："像你这么在意家人的人越来越少了，我觉得你很特别。"

另外，偏好 SG 风格者也容易较真，相对容易感受到挫折。所以请诚心诚意，不要故作高冷、假装难约或者欲擒故纵，请抛下以前看过的所有两性之间的"必胜把戏"。如果你想要维持姿态、端架子，那对方可能就真的觉得你不想与他见面了，或者他会判读为你对这段关系并不看重，所以他不在较优先的顺位。

简言之，和偏好 SG 风格者约会，重点在于让对方感觉到你的在意、你对事情的看法，以及你能够欣赏他的价值观、你对这段关系有诚意，你能够和他有生活琐事之外的深度交流，如此一来，两人就有很大的概率成为相知相惜的伴侣。

（2）明快直接，属于 CT 风格的沟通心法

和 SG 风格的人大相径庭，CT 风格的人在初识阶段时看起来最具有攻击性，有时甚至有点失礼，就让我们来看看偏好 CT 风格的异性到底都在想什么。

● CT 风格者的特性

和偏好 CT 风格的人约会，你可能会感到纳闷："这人怎么总是在讲自己？"把约会对象当成观众，仿佛全世界都是他们的舞台，洋洋洒洒讲一堆自己的成就，强烈地自我推荐，但对他人的回馈（你可能已经不耐烦了）好似不太敏感。

CT 风格者给人的感觉比较不擅聆听、了解他人的想法，处理关系的节奏疾风厉行，同时也较自我。他们行动迅速、独立性强、自信与自尊心旺盛，喜欢主导事情（如果你有选择障碍，那跟他们约会会感到很轻松，因为他们会事先做好所有的安排），经营感情像博弈，有时候你也许会有点儿困惑："到底这人是把我当成有挑战性的标的,还是真的有恋爱的感觉？"然而，偏好 CT 风格者的目的性强、结果导向，其实也是他们的魅力以及令人觉得心动的原因：他们不矫情，有没有兴趣总是表现得很明显，想要和你发展就一定会发起行动，而不会花费时间在犹豫上错失机会。

- 直来直去是最好的沟通方法

我们的学员安贝尔在 LIFO 两性课程中曾经分享她和 CT 风格男约会的故事："在关系初期，我其实觉得这个人有点儿自私，让人不舒服。像是他时常心血来潮，立刻就想要约到你，但在讨论约会的时间、地点时，又只考量到自己很忙碌，所以总是挑离他公司最近的地方。有时候甚至是工作期间午休一小时，根本就不是什么方便或者宽裕的时间，马上发信息给你，问你有没有空，到他公司附近一起吃个饭。"然而，在勉为其难地配合对方几次以后，安贝尔开始不再客气，遇到类似状况时常直接回："我刚好没空。""你约的时间我不方便，我也要工作。""地点离我太远了。"她以为对方会因此受挫，这样直接的语言会损耗他们之间的关系。殊不知，对方毫不在意，下次依然继续约她（也算是 CT 风格者的依然故我跟越挫越勇的优点），而且也接受了她所说的话。

这就是偏好 CT 风格者的好处，他们很直接，对人不太委婉细腻，但也接受他人坦率的表达。与 CT 风格者相处，不会有猜心思的过程。如果他喜欢你，就会马上约你，而不会磨磨蹭蹭，只是每天发个"早安"问候。他们不会花费大量心力和你谈心（对他们来说，这些都是细枝末节），线上沟通也利落明快，直指核心（你周末有空吗？一起看个电影？）而不会有大量温情的嘘寒问暖，通常他们采取一种"见了面再说"的态度。

- 你们可以互相激励

他们会很大方地分享自己目前进行的事情、事业的发展、专注的目标，你也可以用相同的方式回应，和对方侃侃而谈自己现阶段的计划、对未来的预设、想要去尝试的冒险等（有时候你们的谈话可能会有点像探戈，一来一往，无比精彩而充满激情）。尤其如果双方都在冲事业的阶段，偏好 CT 风格者会是挺好的讨论对象，因为他们有很多想法与不停更新的目标，所以你们可以互相激励。

- 处理和 CT 关系的心理准备

然而，如果你判定目前的约会对象是偏好 CT 风格者，很有企图心、很有胜负欲与表现欲，同时行动能力极强，却对你不冷不热，好像没有直接出击，那么，也不用多想了，他其实就是没那么喜欢你。

如前所述，CT 对自己有兴趣的对象，总是表现得特别热切。他们很好理解，同时也算是好预估掌握（虽然他们的沟通模式有时候有点烦，但同样地，他们与人建立关系的方式也很固定）。如果对方 CT 特征明显，却又不约你，那你可以稍微退一步，冷淡一点儿，观察一下对方的选择与应对。也就是说，你要给对方一个"明确表态"的机会，一方面是让对方能够表达他们的态度；另一方面也是让自己可以看清楚两人之间的关系，而不是总在被主导的情况下失去方向。

除此之外，CT 风格的追求者，常常会在有竞争对手时显得更积极努力、强烈而主动，一副得不到就不罢休的姿态。然而，若真追到手后，才是考验关系的开始，因为他们可能享受"胜利的成就感"大于对你的感情。当那种成就感退却后，你们的关系也可能随之冷淡。因此，在和 CT 相处时，需要让自己也活在一种"动起来""一直在前进"的状态，也就是要很有主动性，才不会有被对方丢在后面的受伤感觉。

（3）CH 风格的理性未必是疏离，你比自己以为的更有机会

在相识初期，最令人忐忑的大概就是：他到底对我有没有意思？他这样说话，到底想要暗示什么？我是有机会还是没机会？

这是和 CH 风格者约会时常会有的困惑。现在就让我们来谈谈偏好 CH 风格者的行为取向，让在感情里患得患失的各位能够厘清对方的变化莫测究竟传达了什么信息。

● CH 的情感特质

偏好 CH 风格的人，在感情上，通常是很讲理的（也就是说，遇到他们，基本上你的日子是平顺的，不用担忧充满了戏剧性的冲突跟跌宕起伏）。他们遇事讲理、态度客观，能把事情分析得透彻而周全。然而，这些看起来是优点的特质，放在感情关系里，难免就会使他人感到不安（尤其你们现在还在暧昧阶

段，还没有确定关系时，更是苦于确认对方的心意），毕竟，如果一直都能这么理性，那是不是代表这个人对我不在意？或者，内敛节制，有时候和陌生冷淡只有一线之隔，到底对方是不擅表达情感，还是对我没感情呢？

CH 风格者喜欢就事论事，谈话里不喜欢掺杂情绪性的意见或者个人意味太强的评论，相对而言比较慢热，很难让人摸清他们对你到底有没有兴趣（他们自己也时常搞不清楚）。他们通常的做法是多收集你的个人信息、身世背景以及思考的方式、喜好等，从中缓慢地摸清楚自己到底对你有没有想要进一步发展的心意，以及判断你们之间到底相不相合。

- 关系初期谨慎观察

换言之，虽然关系初期 CH 比较被动，但如果他有兴趣知道更多你的状态、聆听你讲述的内容、固定地回复你的信息（未必热情，但稳定的都会回应），那就已经是一个很好的开始了，代表你至少是观察对象，代表他至少愿意收集你的资讯，愿意分析跟规划与你之间的关系走向。

- 不急躁地应对

你可能要忍受一下这种状况不明的阶段，对偏好 CH 风格者的应对最好打安全牌，他问你问题，你就好好地回答他，可以花更长时间互相了解，而不用着急马上确定关系。不要太强行地要对方很快做决定，要放宽心，对自己保持基本的信心（与对方至少还保持联系），并且能够接受"对方知道我的信息比我知道对方的多"的态势。

偏好 CH 风格者性格理性，你们谈话时可能时常会出现这样的状况："这件事情虽然好像是这样，但我需要思考一下。""我认为这样比较好，所以我这样做。"也就是说，他不会去强调自己的感受，反而比较强调自己的思绪。与之相应的，你也可以适当地分享自己对事情的分析与评判，只要对方一直有回复，就说明你们是有共鸣的。

CH 风格者不会在陌生人面前谈论自己的事情，只有当关系渐渐熟了以后，他们才会慢慢分享自己的事情。和 CH 风格者谈恋爱，要慢慢来，不要强迫对方表态，也不用急着向对方表白自己的情感（比如，我真的非常喜欢你）。如果你这么做了，对方会很疑惑，认为双方之间根本认识不足，怎么可能有感情基础？

和 CH 风格者约会，基本上就是一个温水煮青蛙的过程，需要慢慢来，让对方习惯与你相处，再慢慢敞开心扉。但有趣的是，他们通常喜不喜欢、你们有没有戏也很好判断，只要他们确认自己没有想要跟你发展，就不会直接与你联系，如此也不会浪费彼此的时间。

（4）AD风格自来熟只是保护壳，找到进入对方内心的方法

与乍看之下最好接近、约会起来最愉快的AD风格者相识初期相处时，需要注意什么呢？

你也许会问："AD风格者有什么好说的呢？他们不是都很亲切、自来熟吗？"其实，最恐怖的不是淡漠或是霸道，而是他对每个人都很友善，你无法确认他真实的想法，亦无法搞清楚对方是不是对谁都这么暧昧。

● AD风格者的两性风格

偏好AD风格的人说话时总是喜欢说"我们"，即使你们还没有很熟，他也会把你们看成一个共同体："我们可以一起去某个地方""我们可以一起做某件事情哦"。对比较怕生害羞的人而言，你可能会比较不习惯这种迅速拉近距离而无界限感的进展，但往好处想，你可以放宽心，好好享受你们的约会。对方会很关照你的感受，绝不会冷场，而且会让气氛幽默、轻松又愉快。

AD风格者是最浪漫、最擅长使花招的，他们通常交友广泛、谈资丰富，总是会创造精彩、热闹的社交生活，因此，他们会是很好的约会对象，无论是交谈、安排行程，或是给予恰到好处的惊喜，他们都可以处理得尽善尽美。

然而，若进一步深谈，你可能会觉得对方有点儿没原则，

可能在交谈时,他对某件事情的态度会随着你的态度而改变(例如,明明他上次说喜欢吃西餐,但看到你更喜欢中式料理,就改口说还是家乡味比较习惯)。对方会随着谈话气氛不断地改变立场,你可能会觉得:"这人怎么回事?是说谎成性吗?"但其实,对方只是很有弹性,而不是故意要说谎哄骗你。

约会初期要成功,有一个很重要的关键在于,不要总是从坏的角度来揣测对方。你的约会对象,大部分地方都和你差异很大,他有着不同的成长背景、生命故事、价值观以及行为风格,不要用自己的那套观点来批判以及过于武断地给对方打分;要给予对方大一点儿的空间,让差异有能够对话、相融以及互相适应的空间。

按照这个原则来想的话,你的心就会像明镜一样,看出AD风格者的说辞反复,其实不是因为对方不老实,而是因为他在乎你的想法,因为这些事情、这些细枝末节的喜好问题,对偏好AD风格的人而言都不重要,和谐相处、开心圆满的会面才是他最关切的。

- 如何走进AD风格者的内心?

讨好AD风格者其实有点难,他们会把你的需求放在前面,尽量配合你,于是你总是被满足,却很难找到对方真正的需求。

但有几个大方向你还是可以掌握的。首先,他们喜欢和谐,请不要没事找架吵。如果发生争执,对方会好好哄你;如果质问他,他会挑好听的话来说,但对他们来说,这一切的冲突解决过程,是很不舒服的。他们可以选择妥帖的方法处理,但不代表他们真的乐意。所以,请尽量维持关系的良好、轻松与彼此友善,戏剧性固然浪漫,但也很累人,偏好 AD 风格者比较不喜欢负担很重的关系,所以请别把对方吓跑了。

其次,虽然偏好 AD 风格的人比较像百变怪,好像和不同的人在一起可以展现出不同的样子,但他们其实也有自己真实的想法、确切的偏好与思维,只是他们有"友善以及高配合度"的保护壳,等到你让对方觉得你们的关系安全、足够深厚、没有破裂的危险以后,他才会开始进行比较深入的自我分享,也才会表现出比较真实的一面。

换言之,如果偏好 CH 风格者给人以拒人于千里之外的感觉,让追求者无法攻破其内心,那么解决方法就是慢慢来;而偏好 AD 风格的人,你可能甚至都不会发现自己并不了解对方(因为对方总是让气氛很好,好像你们有良好的沟通),那要让关系更进一步的秘诀就是要让对方安心,要让他有舒适感,知道无论如何你都不会讨厌他,他的不同意见也不会损害你们之间的关系。如此,对方才会慢慢地放下保护壳,对你袒露真心。

最后,在相处上,你也要有基本的情商。AD 风格者最重视朋友,因此要接纳与尊重对方的社交需求。在一大群人并且有他的朋友的情况下,请好好地应对,不要让大家不开心或者尴尬。偏好 AD 风格的人，最怕大家不开心，如果你总是在团体活动中摆臭脸、不讲话、端架子，那你一定会被偏好 AD 风格的人列为拒绝往来的人。

● 判定 AD 风格者的态度

如前所述，AD 风格者在感情上给人一种"好像很顺利，其实不然"的莫测感。和你见面的时候，无论如何他都会维持场子的热度，但如果对方不喜欢你，只是硬要让场子好看的话，之后可能就会没谱，他们不会讲什么难听的话，但会说很多漂亮的借口不跟你见面。又或者，他会拒绝单独约会，要求和一群朋友一起，其中又对你不特别关注，这其实就是拒绝的意思。

但如果他喜欢你，你可能很快就走进对方的朋友圈。他对你有意思，就会想要你也认识他的朋友，同时让他的朋友来观察你。AD 风格者希望的是让他的朋友也认可你。因此，要稍微忍耐一下未必是一对一的约会，要识相一点儿，学会融入他的朋友圈。约会初期尽量不要太跟对方抱怨："为什么每次都有其他人，我只想跟你独处。"因为观察他与朋友的互动，其实也是很好的深入认识对方的方式，好好把握这样的机会，可以让你们的关系走得更远。

以上四种风格特性的说明，如果你能好好运用，并成功约会三次以上了，那么，恭喜你在初期了解的阶段算是有所进展。如果你在这一阶段就碰钉子了，也没关系，接受事实，权当多认识一些朋友，多累积自己的约会经验，相信下次你一定会处理得更好。

LIFO方法向来强调人是不断进步的，记得保持健康积极的心态，不要灰心。

感情是双方的，不要太委屈自己。毕竟，在关系的初期，一切都还有可能，学习尊重对方的风格，不要求对方改变，但同时也要用同等的诚意来对待自己。

2. 磨合期的解方：真正听懂对方的诉求

CH风格的艾伦和SG风格的女友杰西卡在关系稳定以后同居，刚开始一切很顺利，女友很体贴，彼此又对未来充满憧憬，两人一起下班后采购家具、布置新屋以及烹煮晚餐，过着亲密惬意的生活。然而，日子久了，艾伦发现杰西卡时常会用一种隐微的抱怨来宣泄对自己的不满。

由于艾伦工作比较忙，回到家就晚了，假日又都在休息，因此，维持家里的整洁以及添购各种生活用品的事就落在杰西卡一人身上。而让杰西卡最受不了的是，每当她流露负面情绪时，艾伦时常用逃避退缩的方式假装不知情，而不愿意直接处理。当然，对艾伦来说，他也受不了杰西卡的"情绪化"跟"不讲清楚"。以杰西卡的风格来说，她会认为自己尽心尽力，而伴侣应该要观察到她到底为什么生气,而不是还需要她告知。

艾伦评估女友似乎是在愤懑自己没有分担家务,因此,他以一种赔罪的心情认领了每周日的倒垃圾工作(CH风格的理性有时候会变成一种僵硬的计算:你觉得我少做什么,我就补上,而不会从根本上觉察对方的情感与情绪)。然而,杰西卡并没有因此释怀,反而觉得艾伦好像认为倒了垃圾就算是做了很多家务了,但她付出的远远超过每周处理一次垃圾。

经过一段冷战期后,杰西卡终于说出自己的想法:她的愤怒表面上是关于家务的分配,但争执的核心其实是两人对这个家的付出不均等。

她认为艾伦温暾、被动,并没有像她一样注重这个家,只是把家当成一个休息的场所。艾伦知道杰西卡的心结以后,改变了自己的行为模式,下班以后不再只是看手机、打游戏,而是花时间陪伴自己的女友,并一起进行一些简单的日常活动(像购物与散步),也会比较积极而主动地为整个家的运转考虑,例如预先购买好备用的卫生用品,或者考虑家里的需求,进行家具的添购等,也就是以一种更有"参与感"的方式来过两人的同居生活。

杰西卡的不愉快减少了,毕竟,她并不是不能理解艾伦工作忙碌,杰西卡在日常生活中对艾伦的尖锐态度,并不是真的要他在疲累过后还要打扫房间,而是要他停止"心不在焉",

要他对他们的生活"走心"。她需要的是艾伦在日常生活中"主动证明"两人对关系的诚意相等。她需要感觉到对方的聆听、支持以及在意,而不是只有她在经营与投入。

艾伦和杰西卡的案例显露了感情磨合期很经典的争执:以前是优点的特质,进入关系稳固期后,就变成了性格上的瑕疵。杰西卡的细致、贴心、照顾人、奉献精神,成为一种勒索的情绪压力,是两人相处上的情感成本;而艾伦的稳定、忠实、仔细与实事求是,成为让人厌烦的退缩、遇事不管、忽略情感的经营、凡事只能理性讨论、僵硬的公平。

然而,缺陷和优点一向是一体两面,在关系初期感受到的对方的良好品质,并不一定真的都是伪装,多多少少还是有真情流露的成分,而这些当初令人着迷的部分,并不会在相熟以后就完全削减。关系进入磨合期,并不是对方真的"变了一个人",很多时候,只是把原本因为深陷热恋充满对恋人的误读与过度美化适度地"还原"了而已。

那么,我们应该如何解决呢?

(1)培养务实的关系

首先,就如前面所述的,针对亲密关系,我们需要培养一种比较接地气的观点。通过 LIFO 的认知框架,我们能够更清晰地明了对方的感情价值观、行为取向,以及对关系的既定期待。在了解这些信息的情况下，我们才能真正知道对方平常行为的含义，而不是用自己的惯性思维与情绪反应去擅自揣测，如此便能够进行较为有效的沟通。举例来说，艾伦如果没有综合性地考量杰西卡的感情观与对关系的盼望，他可能就以为自己的女友是在计较干了太多家务、性格娇气，还自顾自地生闷气，需要人哄。唯有当艾伦考虑到杰西卡的风格时，才能领会到原来她想要的是"家"的感觉，渴望的是有品质的陪伴。她不是真的在意家务的分配，也不是公主病的作天作地，而是希望并且预设男友像她一样心思细腻，能够体察到她辛勤付出背后的愿景。

在这样的基础下，同时对自己建立一种健康而务实的心理建设。"灵魂伴侣"是个有毒的概念，让人陷入一种零和陷阱里，总是无法满足，总是觉得"对的人"在他方，而不是此刻遇到的这个人。

不要吃着碗里，看着锅里，要认清人间没有完美的关系，你的情人让你愤恨的地方其实就是当初吸引你的部分。以理性的思维来看待两人的关系、双方的差异，并且努力提升自己经营关系的成熟度，减少自己的情绪化，进一步去寻找共同点，而非差异点。若彼此没有共同点，那试图做风格的"扩展"与"结合"，让两人能够把彼此的特质进行精彩的互补，而非总是当相互争执不休的队友。

（2）用对方的语言表达自己的诉求

概念层面建立好以后，就是比较实务的沟通细节了。两人相处，最重要的即是沟通，沟通从来就不只是表意，不只是论是非、求对错，还要两人培养联结感以及建立互相理解的桥梁。

然而，沟通的困难，有时候不在于有没有心（某些时刻即使你充满诚意，依旧无法听懂对方到底想要表达什么），而在于很多时候你们彼此使用的并不是同一种语言，亦即，你们各自有自己接收信息的方式，而对方说的话，恰巧无法打中你的痛点，导致那些话语皆无法真正进入你的耳朵。

举例而言，CT风格的女友莎伦，在关系里比她AD风格的男友卡特强势，很多事情她说了算。当她男友在找工作时，她很喜欢干涉并做出评论，因为她认为对方"没有野心""不会放手一搏""总是为了奇怪的理由退缩"，不敢跳到比自己目前更好的位置。她擅自为对方张罗了很多资源和人脉。这位男友因为很熟稔于社交，也喜欢热闹，所以并不排斥这些场子，但久而久之，他也感到厌烦，看起来好像能够锦上添花，但这些人也不是自己的朋友，也没办法真的怎么样，卡特认为这些人际关系成了女友控制自己的一种方式。

当他们争执时，莎伦说出的话是："你为什么就不敢去争取一下？"卡特听了，觉得面子扫地，明明自己条件不差，别人也都当他是个青年才俊，为什么却被女友嫌弃？但莎伦真正想要表达的其实是："我看你每天工作不快乐，但你明明值得更好的。"如果她用这样的方式说话，AD风格的男友首先会服软（AD风格本身就不喜欢争执，对争执甚至有点儿逃避的倾向，只要给台阶，一定会好好下），而不会被女友直接刺伤。

而莎伦如果再进一步说："我知道你没有那么功利，不在乎工资的高低，但你有那么多创意，可以到更光鲜亮丽、更好的舞台，让大家知道你的才华，而不是在这里做容易被取代的工作，埋没掉你自己。"那么，卡特也能听得进去。确实，卡特对事业没有那么大的竞争心，有点儿得过且过、虚度光阴，但他在意别人怎么看自己，也想在体面、舒服、可以发挥想象力的职位上工作。女友的这番话说进他的心里，不仅让他真的有思考改变的可能性，也让他感觉到莎伦的关心。卡特其实喜欢女友的积极与热情，她像是奔放的激流，推动他探索与改变，丰富他的人生经验；但当莎伦的咄咄逼人以及攻击性倾向开始时，卡特就会认为她太自信、干涉性太强，并且有太强的工作狂倾向。

由这个案例可以看出，很多时候两人之间沟通产生误会，并不是因为两个人真的无法沟通，而是你需要懂得如何"用对方的语言来表达自己的诉求"。莎伦的诉求是自己的男友可以更上进一点儿,她希望她的伴侣和她旗鼓相当,那她表达自己诉求的方式应该是技巧性地以对方在意的点来说话,而不是像一开始那样一股脑儿地给出一堆自己在意的"狼性"价值观,这样只会徒增伴侣的反感。

以桥接的方式,找出伴侣最偏好的沟通方式。根据伴侣的偏好,调整自己对他们表达意见的方式。跨出自己原先的价值观与风格,学习如何针对另一半的行为风格进行沟通,那么,你们两人会少走很多的弯路。

建立良好亲子关系，
需要建立更有效的认知框架

  照顾孩子，把孩子养大，看他们的世界从只有父母到向外发展，看他们从依赖、仰慕双亲到叛逆得就像是生来要反对你，好像他们变成不是你生出来、亲手带大的小孩。但对孩子的管教与介入的界限到底应该如何拿捏？父母生来就扮演着多重角色，既是照顾者、保护者、管理者，同时又是朋友、家人与榜样。如此难的身份，到底应该如何拿捏呢？

  亲子关系需要漫长的双向磨合。父母抚养教育小孩，陪伴与共同经历孩子的前半生，然而，养儿育女的悖论在于，小孩儿在独立之前一切都靠你，但脱胎于你的终究是异己，父母即使供给所有物质与非物质的需求，孩子仍然不是双亲的延伸，他们是具有思想的独立个体。

  LIFO方法的核心在于"价值观＋行为风格"，当用这套系统来检视亲子关系中的亲密与疏离、控制与背离、期待与伤害、依赖与出走时，便能抽丝剥茧地看出父母教养风格的偏好——具有什么样的教养惯性，在亲子关系里具有什么样的倾向与良好品质，同时又容易因为哪一方面的焦虑而造成过当行为，以及最重要的，当父母处于压力和冲突情境时，应当如何避免过当行为，建立自觉与努力的方针，让人从造成焦虑与受挫的行为风格中解脱，创造比较健康的亲子互动。

就让我们用 LIFO 来谈谈常见的两大亲子问题，这两大问题关乎介入的尺度以及父母如何用孩子可以接受的方式扮演适当的角色。

良好互动与管教的两难

中国的父母学习的教育榜样已经和以前不一样了，现在他们多半采取一种"半开明教育"或者"爱的教育"。也就是说，大部分的父母已经不再像上一代一样采取高权威的方式管教。

这就造成了一种很有趣的现象。许多父母在职场上可能偏好掌握／接管（CT）风格，但在亲子关系里，却是顺应／妥协（AD）风格。职场风格与亲子关系风格天差地别，代表了发生在这代父母身上的一种张力：许多家长给子女提供优渥的物质环境、站在子女的角度考虑、努力给小孩他们需要的养分与教育，但同时，他们未必真正理解自己孩子的想法及需求。

虽然父母极力想满足子女，却也对子女寄托了自己的期待与要求。这就发展成一种"父母其实有控制欲但又需要表现出友善讨好"的矛盾，亲子关系在这种矛盾的互动之中受到挫折。父母觉得现在的小孩都"管不起"，子女则认为爸妈没必要"装开明"。然而，良好互动跟适当管教从来都是不相悖的。孩子不服的可能不是管教本身，而是你的管教行为让他感觉到只有限制而没有道理。因此，要兼顾适当管教与良好互动的关键在于：你如何让孩子感受到"有理"。

根据多年的开课经验与临床累积，我们认为兼顾教养与维持良好亲子关系有两个重点。

1. 依据子女的风格调整教养行为

要足够理解子女偏好的行为风格与价值观，并厘清自己的教养风格，适度地依据子女的风格进行调整。

这里有个很好的例子。

迈克是一位以操盘股票为业的父亲，在大儿子杰克出生时，他就带着一家移民澳大利亚，之后有了小儿子本。两个小孩的个性、兴趣都差异甚大，杰克偏好 CT 风格，从小就梦想到美国发展，觉得步调慢、悠哉的澳大利亚太过无聊。他一路在双语教育下长大，文理科的成绩都非常优异，成长过程中不断地参加比赛，拿了许多奖牌，高中毕业后，他如愿到美国斯坦福大学商学院就读。

小儿子本则偏好 AD 风格，高中以前，他都表现得非常优秀，他在艺术方面的天分高于理科，是合唱团的领唱，也在管弦乐团担任重要的角色。然而，当本升上高中，需要决定自己的未来发展时，他突然不再那么上进了，他变得很迷茫，总是花时间和朋友闲逛，在父母眼中好像不务正业，每当父母询问他的人生方向时，他总是嘻嘻闹闹地转移话题，以轻松的态度来逃避。

这个状况让迈克很担心，不知道他哪里出了问题，小儿子本来也很优秀，为什么突然好像失神了一样呢？

排行老二影响了大人的关注焦点，也让本长期都生活在"哥哥的阴影"下，本以前就是个乖巧、可爱、讨喜的小孩儿，他贴心、懂得照顾妈妈，而且会看眼色与识时务。但父母只感受到他偏好 AD 风格甜蜜的那一面，却没有照顾到他所需要的关注、鼓励创意发展以及让他感觉到自己是焦点的需求。

父母为杰克感到骄傲，因为杰克似乎不用管教就自动自发地做好所有的学习任务，甚至制定好自己的人生目标，是个不用操心的"有野心的小孩儿"，天生就像胜利者。杰克喜欢竞争、抗拒控制（他自己可以管好自己，所以不太需要管，也不能管）、敢冒险，而且想要让自己独特，从小就希望能和大人平起平坐，希望能向父母还有周遭证明自己的本事。

恰好作为父亲的迈克也是这样的性格，一路的养成与训练也是类似的路径，因此，他非常欣赏自己的大儿子，觉得他很像自己，家庭教育也就维持着这种"亚洲精英教育综合西式亲子界限感清楚"的路线。

但这种路线其实并不适合本，对他来说，这种无止境的自我要求、没人管你却有种隐形的压力、要自我精进、亲密度不足、没有人认真给他掌声的教育方法让他感觉压力大、孤独。有个哥哥在前面领头，他做得再认真也没有用，更何况，他其实想要的也不是狠拼一把的人生，他觉得待在澳大利亚很好，他想要的是轻松，但可以有舞台、有才华可以发挥，整体环境安稳的日子。

迈克应该做的是调整对待本的方式，花时间陪伴他，让他知道父母看得到他身上独特的优点，给予他赞美与鼓励，同时要用开放的心胸对本采取不一样的标准。本没有野心，不是因为他懒惰，而是因为他想要的目标就不是爬到顶尖。但他有不可取代的艺术天分，有高过哥哥的人际手腕与情商，同时，他头脑灵活，懂得如何在不同的场合有不同的表现，这些特质都可以看出未来本绝对不会混得太差。父母对他的担忧很多来自比较心理，而不是真正理解他的状况。当意识到这一点以后，迈克就能采取比较能被本接受的方式来和他讨论将来的大学、科系与领域选择，从而能够真正地帮助小儿子，打开他长久以来的心结，让亲子关系向更好的方向发展。

2. 教养中的意图、行为与影响的一致性

要很清楚知道自己用什么方式对待子女，而这样的对待会有什么样的后果。也就是，你的意图、行为跟影响是不是一致。

如果意图（价值观）、行为（实际做的）和影响（你在孩子眼中的模样）这三者之间有落差／矛盾，那就要注意调整，因为这时常导致剧烈的沟通不良与亲子冲突。

举例而言，如果你的意图是要小孩能够有好的发展、长大之后对自己的未来更有"选择权"，而不是被选择，但你的行为是帮子女安排非常密集的课业学习，那在影响上，小孩可能只感觉到父母视升学、求取高学历为第一甚至是唯一之路，而无法感受到父母希望孩子能有多元发展机会的苦心，而最后结果也会因为子女的逆反心理而达不到目标。因为对子女而言，他们觉得父母只在乎成绩，在乎面子，而无法理解父母的意图背后所包含的爱与相应的考量。

换言之，父母如果能够厘清自己与孩子的风格特性、厘清自己对孩子施加的管教与自己的核心价值之间是不是相悖，那就可以更改很多不自觉的过当行为。同时，也能促进良好的沟

通，让子女真正了解父母的担忧以及教养的苦心，也就避免了弯路。

亲子关系是长期且动态的互动，每个小孩儿都是存在差异的个体，因此，很难用一套简单的标准模式来解决所有问题。但当父母开始观察子女的反应、开始依据其反应自我调整、开始学习如何让自己的教养目标与教养结果一致，就是一个很好的起步。

职场风格与亲子关系风格的混淆

在工作时间无限扩张的职场文化下，父母能够用在亲子互动的私人时间十分稀少，这种情况导致一些父母没有时间与孩子相处，亲子关系生疏，因此，他们使用职场所惯用的相处/管理模式来对待孩子。

以 LIFO 课程中的学员为例，曾经有个任职于科技行业的父亲，他在职场上较偏好 CT 风格，在亲子关系里也一致地较常使用权威式的管教。一次，他纠正子女的错误，被小孩儿回了一句："我不是你的部属，我不需要听你的。"这句顶嘴对那位父亲而言犹如当头棒喝，在孩子不满的情绪性发言之外，深究背后的意义，其实是一个警讯：小孩儿的"不服管教"，未必是真的叛逆或者不想遵守规矩，更多的可能是对于父亲长期不在场的抗议；而父亲又不谙沟通，使用了僵硬的、上级对下级的语言，更加激化小孩儿的长期不满。很多家庭关系的问题，都是来自把自己工作的管理风格放在小孩儿身上，然而，这样只是让小孩儿感觉到"爸爸与我不熟"以及"爸爸只想用对他来说最方便的方式来管我，而不是关心我"。这个案例表明要用不同的方式来对待不同的对象与关系。否则，只会越来越失去孩子对自己的情感。

　　学习LIFO方法在亲子教养方面的帮助是提供一个着力点，给予理解跟重新核对，改变认知的稳固框架。大部分关于亲子相关的心理学都着重讨论幼儿期的亲子关系，然而，亲子关系实际是一辈子的事。子女长大了，有主见了，才是亲子关系最受考验、需要费心磨合的时期。因此，LIFO这套以管理及人际心理学为架构设计出的培训方法，其实有助于家长理解孩子的核心价值观、长处以及职业生涯发展的潜能，有了这些理解后，家长才能陪伴孩子走得更远。

　　请根据以下的简易版问卷，来看看自己的教养风格属于哪一种。

LIFO® 亲子教养风格自我检测

1.请阅读所有内容，不要过多考虑，答案没有好坏和对错，

LIFO® 个人应用篇

按照自己的真实想法作答。

2. 请您回想一下平时与孩子相处时的情况，依照实际情况进行作答。

以下 5 栏共 20 个描述，请从各栏中勾选出 2 个较能描述你的句子，共勾选 10 句。

1. □ 我要求孩子尽量把作业做得完美。
2. □ 我常常要求孩子做事要迅速、不拖延。
3. □ 我要求孩子生活习惯要井井有条。
4. □ 我能应孩子的需求而改变时间安排。

5. □ 我会说服孩子去学我希望他学的东西。
6. □ 我会替孩子规划时间表和安排活动。
7. □ 我能和孩子打成一片、共享乐趣。
8. □ 我把子女的需求看得比自己的重要。

9. □ 我会跟孩子讲道理，并分析问题的困难点。
10. □ 我能敏锐地觉察孩子的情绪，并运用同理心倾听他。
11. □ 我愿意花时间教导和指引孩子一起面对问题。
12. □ 我会直接指示孩子如何做事和解决问题。

13. □ 我会鼓励孩子去尝试各种他感兴趣的活动。
14. □ 我常常教导孩子为人处世要遵循道德原则。
15. □ 我会要求孩子去做一些他不敢做或做不来的事。
16. □ 我常常教导孩子遇到事情要冷静，并尊重事实。

优势管理
扭转人生到管理用人的黄金法则

续表

17. □ 我会相信孩子所说的都是真话并支持他。
18. □ 我会告诉孩子要建立自信心,并勇于和人竞争。
19. □ 我要求孩子向书上或周围表现好的人学习。
20. □ 我常常赞美孩子,并告诉孩子他值得被人喜欢。

将你所勾选的句子,对照下面各个风格的答案,把数目加总起来,填入下表相应的风格栏位,数字最多为5个,最少为0。

组别	SG(支持型)	CT(掌握型)	CH(持稳型)	AD(顺应型)
总勾选数				

注:这并非LIFO完整的问卷形式,仅用来简略了解自己倾向于何种LIFO风格。

＊解答请翻至下一页

LIFO® 亲子教养风格自我检测解答：

SG（支持型）	CT（掌握型）	CH（持稳型）	AD（顺应型）
1、8、11、14、17	2、5、12、15、18	3、6、9、16、19	4、7、10、13、20

1. 给 SG 风格双亲的建议：放手是培养孩子独立性最好的方式

要如何在教养与过度干涉之间取得良好的平衡？

又该如何在给予孩子好的发展资源与过度追求完美之间找到平衡？

这两者似乎是偏好支持/退让型（SG）教养风格的家长容易有的问题，就让我们谈谈 SG 教养风格的长处与容易遇到的困境。

（1）陪伴奉献型父母

偏好 SG 教养风格的家长希望成为子女的人生导师，他们教导子女要多为别人着想，通过对违反道德原则的事件表示意见来教育子女，并且期望灌输给子女恒久的价值观。他们通常很有耐性，对小孩抱着支持与谅解的态度，愿意花费大量的时间聆听、教导与指引孩子，属于相当关心子女的家长。

然而，长处与短处是一体两面。SG 风格的家长投入大量的心思在孩子身上，同时也就可能带给子女同等分量的压力。非常用心于教养的另一面即是过度关照，因为花费了大量的心力，因此，他们更容易用造成子女愧疚感的方式来指责对方，并且对子女有过高的标准。

此种高标准除了成就上的，还有道德上的。这样的父母会说"我们对子女的期望很高"。他们的价值观与理想性展现在判断是非上,对于孩子的言行举止有极为理想化的想法。"要成为一个诚实、能理解他人的人。""做人要有原则。""我们这是爱你,是为你好。""为什么不能体谅父母的辛苦?"当孩子达不到他们的期望时,他们会让孩子有罪恶感,他们会借着收回对孩子的爱来惩罚孩子。也就是,在压力情境下,SG 风格的父母容易分化两极:或许是对孩子进行"情绪勒索",让子女达到自己的标准;或许是屈服于孩子的要求、自我牺牲奉献,并且创造一种和子女之间双向的过度依赖关系。

长期被 SG 风格教养的子女可能会抱怨,自己怎么做都不够好,都得不到父母的赞美与肯定,成绩不够优秀、人不够端庄、没有遵守规矩,在尊重与理解他人方面做得也不够好。亦可能会受困于父母的过度保护,导致被阻断了很多独立的机会,并且时常需要背负会辜负双亲期待的压力。

(2)控制过当行为

若想要摆脱此种惯性,偏好 SG 风格的父母应当做的是控制自己的过当行为。

就观念上来说:要学习信任自己的孩子,不要过度干涉孩子;放下自己对高标准的执念,尊重每个孩子成长的轨迹以及会长成的样子;除此之外,也别用孩子的成就来填补自己的人生缺憾,不要把自己人生里落空的理想与梦想寄托在小孩儿身上,要他们代替自己实现未实现的愿望。

就行为的改变来说，父母能够先"善用"自己的风格，聆听并理解孩子，理解孩子期待被对待的方式，并根据孩子的偏好风格来桥接与重新调整自己的管教方法。亦即，SG风格高的父母其实很擅长体察自己子女的状态与心情，若要改善关系，要先从自己的长处开始。

同时，应当适度地进行教养风格的"扩张"，例如学习CH风格里的"界限感"，孩子有自己的生活，家长也是，给予彼此适当的空间；并且要学会对家人说"不"，避免过度干预，让小孩儿有机会自己解决问题。或者参考AD风格的高度弹性、相对轻松的教养态度，营造和谐的家庭氛围，学会"放手的艺术"。让子女能够在你的支持下保有独立抉择的空间，走出自己的路。

2. CT风格父母如何增进亲子感情？用沟通取代命令

你是否遇到这样的问题：时常担忧子女的未来，费尽心血让小孩儿能够有好的教育机会，花大钱让孩子赢在起跑线上，但最后得到的却是孩子的指责与不谅解："你从来都不知道我想要什么。""都不问我的意见！""只在意我能够让你有面子，不在意我真实的想法。"

付出的爱与苦心无法被理解，只被当成控制与指挥的手段，这似乎是偏好掌握/接管（CT）教养风格的父母容易遇到的困境。

针对CT风格，就让我们来谈谈，当你的教养方法比较强势、在亲子关系中主导性较强，并且比较习惯用权威的角色来和孩子相处时，该怎么做才能既兼顾教养的目的，同时又改善了亲子关系。

（1）掌握／接管（CT）教养风格的长处

CT风格的父母通常性格热切、在意如何激发小孩儿的潜能、会鼓励甚至要求子女迎接各式各样的挑战，以此来促使子女进步。同时，也强调小孩要自己面对问题、对问题进行立即性的处理。也就是说，时间的控管对CT风格高的父母而言是很重要的，他们希望能尽快完成事情。他们会说："现在就把鞋子捡起来，不是等你想捡的时候才捡。"

在教育的方针上，对子女的犯错、过当行为会以惩罚的方式来让其吸取教训。偏好CT风格的父母通常比较擅长设定界限，会给予自己和小孩儿独立的空间，也因此被一般人认为较放任子女，因为他们会给予子女在一个界限分明的范围内相当程度的自由。

（2）冲突来自教养风格的过当

偏好CT风格的父母会给孩子的压力在于：期待子女表现杰出，成为人生赢家。他们竞争意识很强，总是叮咛小孩儿不要贪玩儿享乐、好逸恶劳，而要思考怎么样成为佼佼者，不被淘汰。而CT风格的父母通常又很着急,无法等待子女自由发展,无法理解子女有自己的学习节奏,因此容易嫌弃小孩儿不够杰出、不够有狼性、忧患意识不足。

另外,CT风格的父母也容易不够有耐心聆听小孩儿的意见与想法,造成双方的隔阂冲突越来越深。子女只感觉到父母对其的掌握,而感觉不到背后的苦心;父母只感觉到小孩儿的叛逆,而看不出他们对关注与陪伴的诉求。

(3)征求孩子的意见:改善过当行为

对CT风格的父母而言,最重要的控制过当行为的方法是:缓下来,聆听子女的意见与声音。他们并不是真的那么无法管教、喜欢和父母作对或者搞不清楚状况、不愿意努力。他们有自己的生命蓝图,有自己对自己状态的考量与评估。把步调放慢,好好询问子女:你希望怎么样?经过良好的沟通后,通常会发现自己与子女的意见不是真的那么相左,只是因为子女想要摆脱被掌控的局面,而用激烈的方式表达自己的不满。

同时,在询问子女的意愿、想法与考量后,能够进一步沟通:"你打算怎么做?"发挥CT教养风格的优势,协助子女实现目标,教导子女如何落实想法、如何把想做的事情变成真正的成果。和小孩儿一起协力讨论,并身体力行让孩子知道如何"在一定的时限内"把想做的事情"从无到有",善用CT教养风格本身就具有的长处,陪伴小孩儿找到自己的方向。

3. 给 CH 风格的教养方针：适度表达感情，给予彼此弹性

偏好持稳／固守（CH）风格的父母，通常有着严明的奖罚机制、原则清楚而显得有点儿不近人情，就让我们来看看他们有哪些优点与需要调整之处。

（1）自律与时间控管：偏好 CH 风格的父母的长处

CH 风格的父母擅长组织活动、为孩子安排时间，在管教上前后一致、指示明确、说明仔细，具备详细清楚且不易变更的规矩。擅长培养孩子的思考力以及冷静处理问题的能力。

而 CH 风格的父母，通常喜怒不形于色，他们关心子女，却不表露自己的情感。教导子女要冷静、一切根据事实；设下大量生活与行为上的规范，要求孩子遵守规则，若孩子违背，他们通常使用沉默相待或者孤立的方式来对其进行惩罚与教育。CH 风格的父母期望子女能够好学深思、中规中矩，不要好高骛远，要一步一脚印地踏实前进。

（2）不谙表达以及僵硬的教条

26 岁的学员梅分享自己和父亲长年的相处模式："我总是战战兢兢的，为了陪他吃早餐，我每天都得早起（事实上我 10 点才上班）。如果起晚了，我就会收到一封密密麻麻的手写信，大意就是'我对你很失望，你对自己没有要求'。天啊！

只是晚起半个小时，为什么会被上纲上线到我好像完全没有自我管理的能力？"梅的父亲是企业里的高管，纪律甚严，相信一个人的生活细节即能见微知著地看出这人是否能够成大事，因此对梅而言的小事，对其父而言却代表了女儿的散漫、不服管束以及不在乎规矩。

另一位学员丽塔和其父的争执则剧烈得多。丽塔自小就被送到国外，这两年才回国发展。父亲看不惯丽塔奔放、自由、具备高度应变能力与创意的性格，总是觉得她不踏实，都已经快30岁的人了，职业发展好像还没个谱。回国以后，丽塔住在家里，她的父亲为了逼她尽快找到一份工资与发展都好的工作，而要丽塔签一份协议，内容大致是必须几点前回家、在家只能待到几月、要付多少房租等。丽塔闻言气炸："我是你的女儿！不是你的员工！"事实上，其父是不谙表达对自己女儿回国以后适应以及找工作的担忧，只能以如此冰冷的管束方法来逼女儿前进。

上述两个案例，表达了 CH 风格父母的过当行为模式：他们可能会过度管教子女，坚持子女要严格遵守家规。对他们而言，循规蹈矩极为重要。他们强调要遵守某些规矩，即使这些规矩并不适用于特别情境或已经过时，像是上述梅的每日早起，以及丽塔即使年近 30 岁也还要几点前回家。

为了要孩子听命行事，CH 风格的父母运用孩子的恐惧感，有时还会加以威胁。当子女违反规定时，CH 风格父母的反应方式是家规处罚。

但他们自己的行为却不一定和他们所设下的规矩一致，尤其是逆境时如果风格转变的话，CH 风格的父母往往先抑制自己内在的情绪，但随后在无预警的情况下宣泄爆发出来。如此导致对同样的错误处置的方式总是不同，孩子常常无法知道父母会期待他们怎么做。

（3）控制过当行为

若要改善关系，首先要学习"扩张"自己的风格。偏好 CH 风格的父母能够加强 SG 教养风格里的耐性、对孩子的支持与谅解、聆听以及愿意对身在困境的子女伸出援手而非指责，或者惯用疏离的冷暴力惩罚。

亦可以学习 AD 教养风格里的同理心、弹性、给予赞美和肯定以及放松的态度，营造出比较不僵硬的家庭氛围。或是学习 CT 教养风格中的只看结果，给予孩子更多可以自己做主的空间。而不要过度干涉过程及设下太多的规矩。在"扩展"之后，便可能观察自己子女偏好的风格，并进行桥接。

举例而言，从国外回来的丽塔是具有创意、深具文艺天分、幽默灵活的 AD 风格。那么，她的父亲可以用一种比较弹性、给予适当空间与时间的方式来对待自己的女儿，并且，也要适度地表达自己的情感，无论是爱、心疼还是忧虑，用比较温柔的方式对子女表露，如此，丽塔也比较能够卸下防备，和父母讨论自己的职业蓝图以及回国发展的想法。

总之，对偏好 CH 风格的父母而言，最重要的是，让子女感受到你们包装在限制与管束底下的爱与关怀，并且适度地放宽严厉而过度注重细节的教养方式，让自己与孩子都能够松口气。要知道，放松有时更能激发前进的动力。

4. 甜蜜的负荷：AD 风格父母如何建立教养原则

我们来看最后一种教养风格：顺应／妥协（AD）。

此种风格乍看之下是最没有亲子问题的，因为偏好 AD 风格的父母通常与子女打成一片，用朋友的方式与子女相处，家庭气氛友善活泼，子女也通常乐于和父母相处玩乐。在 AD 教养文化里，家庭比较像一个社交单位，父母会让孩子参与他们的活动，孩子常参加父母的聚会或是旅行。反之，父母也会常参加孩子的活动。当孩子发生不合作的情况时，父母通常会采取贿赂的方式。你可以听到这种类型的父母说道："如果你收拾好房间的话，今天晚上就能看你喜欢的电视节目哦！"

偏好 AD 风格的父母的长处在于：他们擅长用幽默、同理的方式来和孩子沟通，时常赞美与夸奖小孩儿，让小孩儿有足够的安全感与自信。AD 风格者可以说是最没有"控制与反叛"

议题的教养风格,也就是说,AD 风格的父母本来就倾向比较缺乏控制与管束小孩儿的意图,因此不会像 SG 风格者一样在过度保护与过度要求之间摆荡,也不会像 CT 风格者一样想要决定小孩儿的成就方向,更不会如 CH 风格父母一样对子女设下大量细节的规矩规范,要求孩子要自律。

然而,亲子问题从来就不只是"家长与孩子相处良好与否"而已,还牵涉教养哲学、管教方法以及试图传递什么样的价值观给小孩儿。

(1)缺乏原则

AD 教养风格里的最大问题即在于缺乏原则、无条理章法以及过度注重形象。

先就前两者讲起,偏好 AD 风格的父母希望能够跟子女建立良好而舒适的关系,同时,也比较习惯用利诱、哄骗的方式来教育小孩儿。因此,时常会有"无法守住底线""被子女吃死""教育方式太过软性"的状态。

而就过于注重形象而言,AD 风格父母期望子女活泼可爱、受人欢迎,期待他们人缘好。因此,与各种"如何与人相处"的方法传授相较,AD 风格的父母对子女在价值观上的教导可能相对缺乏。

这样的教养倾向有两种不同角度的问题。首先,若整个家庭呈现很鼓励 AD 特质的氛围,那么,孩子小时候可能会让人感觉乖巧又可爱，但当他们逐渐长大，这些特质就变得越来越难料，孩子被鼓励出来的玲珑特质，若他们没有建立良好而清晰的价值观，那很容易变得在意表面功夫更胜于事物的本质，变得虚荣、狡猾。亲子间的互动即使看起来很友善，也是一种热闹，在这种熙熙攘攘的欢乐下，双亲很容易忽略了孩子真实的状况和需求，而不自知地错过了很多和孩子能够深度沟通、有品质的陪伴以及指引其成长的机会。

其次，小孩儿是敏感的生物，当他们感觉到父母在乎得体、和谐、受人喜爱胜过于其他时，就容易影响他们正在发展中的"个人形象"，以讨好、回应外界需求作为主要的追求。培养与人交流、在团体中社交的能力很重要，但作为家长，还是要给小孩儿传递要有自己的主见的观念，或者陪伴孩子发展出他们自己对世界的观点，而不是把"照顾别人的需求"变成第一要务。换言之，当 AD 风格的父母对孩子的教育有所思索、有其原则的建立时，才能真正发挥出 AD 教养风格里的长处——也就是具备弹性，这种弹性撑开了孩子独立发展的空间，同时，也因为父母的高情商，让很艰难的管教过程变得顺畅又容易被接受。

（2）建立方向与规则

就像刚刚说的，AD 风格的父母，本身就具有弹性高、灵活应变的优势。因此，若有心要改进上述问题，他们通常能够慢慢地掌握其他教养风格的长处，"扩张"自己的教养风格，并且发挥本来就有的长处，迅速地找到孩子所偏好被对待的方式，进行良好的桥接。

首先，偏好 AD 风格的父母需要参考 SG 风格的长处，回头思考自己的教育方针里，应该采取什么样的道德规范？应该给予小孩怎样的原则与管束？在教导小孩讨喜与惹人喜爱之外，还有什么是重要而不可或缺的教育内容？

其次，就日常生活而言，AD 风格的父母也应该学习 CH 风格的父母的教养风格，加强对孩子纪律的训练，要教导孩子做事情的方法以及解说事情的原理。让孩子能够有自我管理与分析的技巧，让孩子有解决问题、冷静处理问题的能力。

最后，就角色位置而言，AD 风格的父母也应当多效法 CT 风格者的角色分明，也就是父母有时候就是父母，而不是平辈与朋友。父母就是一个给予教导、指引以及教训的角色，而不总是只有陪伴和玩乐。此外，父母还要鼓励孩子建立明确追求的目标。如此一来，AD 风格的父母就能既与孩子有良好的相处，同时还能给予清楚、有效又具原则的教导，让亲子关系走向更健康也更有教养意义的路。

一人分饰多角的难题：
职业女性生存导航

以下是赛琳娜的一天：6点起床，冲一杯浓咖啡，为一家张罗早餐，在10分钟内处理好自己的洗漱事宜，送小孩儿上学，赶到公司，马不停蹄地开始一整天工作。次日，她有个重要的专案报告要发表，恰巧赶上先生出差，如果她加班就来不及接小孩儿，但一下班就走，便没有时间与同事讨论。结果，她还是不得不先走。同事们认为赛琳娜对团队的贡献不够。赛琳娜觉得既愤怒又羞愧，这种心有余而力不足的难堪常常发生在她的身上，例如每次小孩儿生病，要临时请假时，主管的脸色都不太好看。6点半到家，把衣服丢进洗衣机，同时在半小时内做好晚餐；8点为小孩检查作业、晾衣、让孩子们洗澡、哄上床（家里已经两周没打扫了！）睡觉；12点可以开始处理自己的事情，但她此时也累瘫了，一边打盹一边看资料，担心隔天会在全公司的人面前出丑，对不起大家整个月的努力。效率很糟糕地弄到 3 点，第二天又是 6 点起床的一天……

不要完美，只要问心无愧

很多职业女性对上面这段叙述应该很熟悉。任教于加州大学伯克莱分校的著名社会学家亚莉·霍希尔德（Arlie Hochschild）就曾将职业女性在工作一天后回到家还需要处理所有大小事的状态称为"第二轮班"。家庭就像是女性的第二份工作，"在工作场所，你是在上班；回到家，你也是在上班；然后你又回到工作场所，继续上班。""上班"似乎变得永无休止。多少需要兼顾职场与家庭的女性，过着奔忙、超乎想象的多产、分身乏术、摸爬滚打的生活，但仍然尽最大努力做好所有事情。有家室的女性，她们担心会遭受到职业歧视，以及职业规划受到限制；焦虑很快会触碰到职业天花板，害怕育儿工作难两全，错过孩子的成长；需要思考家里年迈长辈的照顾问题，还有各式各样的人际问题需要面对。她们既要当工作场合的干练现代女性，又要当温柔贤淑的太太、全能的妈妈、孝顺的女儿以及好相处的媳妇。

然而，这是不可能的。

只要努力，就可以全部兼顾，本来就是不可能的。最后，职业女性只会过劳、吃力不讨好、生活品质低落、一肚子愤懑、感受到社会结构的不公平，然后被什么都无法掌握的挫败感打败。人的精力本来就有限，职业女性被社会期待把公私领域都打点得有条不紊，这既不公平，也不现实。脸书前行销总监兰蒂·祖克柏（Randi Zuckerberg）写的《选三哲学》（*Pick Three: You Can Have It All*）也提道：人们总是询问她如何同时处理好家庭与事业，但真正的答案是"做不到"。人生就是无法做到每项都得满分，追求完美只会让自己身心俱疲，要学会适当地放弃。

用八十分的平衡来过生活

身为职业女性，你不可能对身上的各种重担直接撒手不管，但一个有建设性的做法是，每件事情都以八十分为目标，给自己犯错、摸索的空间，以动态的平衡取代僵硬的社会期待。若要达到这种状态，有两种有效的努力方向。

1. 设定界限：确保家庭与工作不互相影响

先从第一点说起，设定界限乍听之下不可思议，你可能会说："我们被要求什么事情都要管，怎么可能设定界限？""设定界限意思是维持距离吧？但我们怎么可能对小孩的哭闹假装没看见？"然而，设定界限的意思并不是冷淡疏离，也不是硬邦邦地对特定范围外的事情装聋作哑,而是把公私领域做一定的区隔。

也就是说,当你在工作时,就全情投入,不用心怀对家庭的愧疚感,不用像戴着一副脚镣却准备冲刺一样纠结。当你回归家庭时,也要同等专注。把工作带回家里,说真的,效率并不明显,尽可能地避免回到家以后还使用零碎时间不断地联系公事,因为这样只会让你失去与家人间的陪伴品质,却不会真的增进自己的工作表现。换句话说,正因为职业女性的时间被切割得很琐碎,所以更要强力地捍卫自己的"完整时间":白天工作时火力全开,尽量在工作时间内完成公事;晚上回到家后,就不要让工作的事情继续霸占你的心力——东思西想、不断分心、焦虑而频繁地切换角色,是最伤神也最无效(但又最常因为生活繁忙而被使用)的策略。

设定界限的好处除了能够增进家庭与职场生活的品质外,还有另一个更重要的功能——"让位给应该负责的人",也就是家庭里的父亲。双薪家庭的男女皆忙碌于赚钱,丈夫、妻子都为了养家而透支了自己的精力,然而,丈夫并不像妻子一样被赋予了那么多关于家务、教养等方面的期待。因此,在家庭经营上,常常可以听见太太对先生的相关抱怨:大而化之、漠视脏乱、被动而事不关己。造成这种生态的原因,除了传统文化的窠臼之外,也有部分原因是这些太太不小心地"对号入座"

与"延续"了那个总是处理好一切、劳心劳力张罗所有的角色。先生与妻子都无意识地复制了文化养成里面的性别观，而继续着女性负责处理所有细碎的、行政性的、庶务的、照顾养育的相关工作，男性在这些劳动里都"退位"了。要打破这样的惯性，最好的做法就是设定明确的分工，在清晰的分配下，让丈夫／爸爸可以成为一起努力的队友。

以曾经在培训课结束后来私下询问婚姻解方的伊芙为例。伊芙在外企工作，主风格是 CT；她的先生费德在酒店做 IT，偏好风格为 CH。伊芙不仅在商场上叱咤风云，在亲密关系里也非常强势。先生受不了太太的凶悍、不顾其尊严以及急躁，两人为此起了各式各样的争执。让伊芙总是这么充满攻击性的原因是她感觉自己被困住了，明明有大好的将来，却没办法像与她竞争的同事一样冲刺，回到家还需要煮饭、打扫卫生，种种"小事"让她觉得自己被浪费，却又无法阻止这些家务侵占着她的生活。

伊芙因此产生了对先生的愤怒，觉得是他耽误了自己的人生。然而，费德其实并不是完全不做家务的男人，他会做他认为"自己分内"的事情，例如修理水电、开车采买等。如果伊芙开口要求，他也都会帮忙。问题就在于，费德采取的是一种被动配合的态度，而伊芙痛恨的就是这种心态："好像他是无关的人一样，他本来就该做这些，怎么会是一种'帮忙'？"

但伊芙展现愤怒的方式并不是清楚地表达,而是每次看到费德没有主动介入、没有马上插手时,就带着强烈的情绪迅速把东西收拾掉(东西干吗放在那边?看到了就应该马上处理,不能等),再为此和费德吵架。针对小孩儿的教育问题也是如此,当小孩儿在学校出了什么事情,需要家长与老师交涉时,总是伊芙出马。几年前,他们的儿子遇到了情绪控制不佳、会体罚人的老师,也是伊芙冲到学校去捍卫小孩儿,找校长讨说法等,费德对此既没什么作为,也没什么回应,他成了一名"消失的父亲",甚至还觉得伊芙太咄咄逼人。

费德风格里的 CH 风格特性让他对这种"无来由"的情绪很厌烦,因此产生了逃避倾向,越发显得缓慢温暾。费德被伊芙"无差别的急躁"弄得疲惫不堪,也多少是因为伊芙对任何事情都性急、要求马上处理,费德也就越来越不把伊芙的"紧急"当真。

其实,如果伊芙愿意缓一缓,愿意忍耐家务事被搁置一阵子,让费德自己感觉到家里很脏乱,水槽里堆满了碗盘,地板上积满了灰尘,日用品用完需要再添购,而不是马上动手,马上填补这个空白,那么,两人的主被动关系可能就有了松动的空间。当伊芙愿意退位时,费德才有机会补上他原本就该在的位置,伊芙就可以坚定而清楚地表达自己的诉求,而费德也有可能从一个不甘愿的服从者变成一个能够协力的合作者。

另一个例子是偏好 SG 风格的邦妮。她平时是个万能妈妈、配合的太太、得体的媳妇，她想要把每种身份都做到尽善尽美，她通常也都达到了目标。然而，即使她这么能干、自愿担任这些角色，偶尔也会在夫妻互动中，感觉到对方的占尽便宜与自己的隐忍。例如，早上，先生吃完她准备的早餐，正打算去上班时，看着桌子上的油渍，对邦妮说："餐桌脏了，要处理一下。"邦妮听了非常讶异，心想："你上一秒才坐在这个桌子上，不会顺手清理一下吗？你要赶着上班，我也要啊！我还要早起做早餐跟处理你吃完的碗盘！"夫妻之间的冲突，时常就是累积在这种稍纵即逝的生活细节上。邦妮该做的就是守住界限，对先生表达"你其实可以自己清掉，我并没有比你有空"；若当下太匆忙，也不要纵容这样的情况，就让油渍继续维持在桌子上，等到先生回家后，再与他沟通。不要因为两人都赶时间，错过了当下表态的机会，就放任这种其实不正确的局势继续存在，守住界限的真谛是：是先生该负责的，先生不能用各式各样的理由逃掉，双方的家务分配可以拥有弹性，在各种不同的生活现场里相互支援，但不能投机。

除了让"退位"的先生补位外，设定界限也包含了"设定底线"——在适当的时机做取舍，如果某些对孩子而言重要的时刻，例如毕业典礼、第一次上台表演或者参加科展获奖等，你真的需要在场；否则，你日后想起来会遗憾、歉疚，那就调换自己的排序，先顾着家庭，暂时放下事业。反之，当你奋斗多年的升迁机会就要到手了，却因为家庭分工问题需要你主内操持，那也可以思考一下自己对事业追求的底线到底在哪里，若真的觉得这是牺牲，那就不要牺牲。不要无条件地接受外界对自己的要求，也不要当一个沉默的奉献者。沟通、表达与争取都是需要采取行动的，一味忍气吞声才是杀死机会的最大凶手。很多时候，当你真的清楚表态、站定立场时，事情都会有松动的空间，夫妻之间乃至家族里的关系动力也会因此转变。

最后，无论重心放在工作上还是家庭上（或者两者皆想经营好），这两者的重要性永远是可调度的，而且二者的排序总会因为阶段的不同而有所变换（例如，随着孩子逐渐长大，又可以全力开展自己的事业第二春）。在当下觉得做得不够好的部分，很多时候，都能在生命里的动态中重新找到平衡。

2. 评估目标：盘点自己的后援与支持系统，并依据这些资讯设立贴合自己风格与价值观的生活方式

评估目标的意思其实就是重新认真检视自己到底需要做到什么地步，才能够维持家庭的运作，既问心无愧，又不会过度劳累。而评估目标有个核心：评估的量尺永远要贴合自己的人生取向与行为风格，而不是贴合外界的眼光（否则，大家都只能当偏好 SG 风格的奉献型职业女性了）。在这样的前提下，

再去盘点自己所拥有的优势、所具备的资源以及支持系统的多寡，订立一个实际又长久可行的目标。

如果你是一个 AD 风格的职业女性，最在意的事情是家庭关系的和乐，那你可能为此做了很多努力，让自己非常地疲惫辛苦，却又不确定有没有达成目的。例如需要照顾婆家，但自己的原生家庭又有父母要照顾，作为女儿和媳妇，这两种身份不断地相互拉扯、瓜分掉大量的时间，但又因为希望双方都开心而无法抽身。这时，你就要好好思考三个层面的问题。

第一，就客观而现实的考量而言，到底是婆家比较需要自己，还是娘家？非客观的思考就是以他人眼光以及情感性因素来考量，却无法真正以事件本身的急切性或自己角色是否可被取代来构想。例如如果把精力较多地花在娘家，自己受得了可能会被闲言碎语围攻的风险吗？而如果把精力放在婆家，会不会觉得过意不去，觉得自己很不孝？这种时刻就要避免 AD 风格的过当，也就是太过在意别人的眼光。

第二，自己有哪些可以寻求帮助的管道，可以把这些责任分担出去？或许婆家或娘家都有更合适有空的亲人可以来处理情况，而非习惯性地都是先找我来负责？

第三，自己最在意的价值观到底是什么？想要守住的核心是什么？要做哪一种选择才会觉得舒坦？

第四，你可能会选择求助于手足，让原生家庭里比较有时间的其他兄弟姊妹们来处理父母的问题，把精力放在夫家与子女教养上；也有可能求助于丈夫，让丈夫能够发挥他的功能，让丈夫照顾自己的父母，同时分摊子女照顾的责任。无论怎么选择，重点都在于善用自己拥有的支持系统，找到可靠的后援，并且做出贴合自己价值观的决定（如果你最在意的就是家庭关系的和谐，那就选对整体人际关系破坏性较小的选项），如此才能够做出双赢而非两失的决定。

多面向的人际关系如何应对？

上述的篇幅主要处理的是"平衡与兼顾"类型的问题。然而，职业女性遇到的另一大类型的问题是人际关系。每个职业女性都扮演着各式各样的角色，日常身份是妈妈、职场主管、媳妇、太太、女儿等。在面对工作、家庭、亲密关系、日常生活以及个人兴趣上，每个职业女性都有着各种人格面具，可能在家庭关系里偏好 SG 风格，但在工作上却显得非常 CT 风格；在外面对客户又要谨慎，很 CH 风格，而日常生活与私下的人际关系却很 AD 风格。当然，也有一种可能是你看起来很 AD 风格，但原因只是你对那件事情不在乎，或者你面对小孩儿时要求完美，但面对同事时却比较在乎大家和乐而非坚持原则。

也就是说，职业女性通常必须很擅长风格的动态调整：由于每日面对的情境很复杂，所以单纯使用一种行为风格且仅以一种样貌出现是无以为继的。在职场、家庭与不同的社交场域，需要高度调度动态的"扩展""结合""桥接"。

然而，即使职业女性在日常使用了众多风格调整的策略，为什么还是会有疲于应付人际问题的感觉呢？为什么还是会有四面八方涌过来的要求让人窒息？又为什么在这些复杂的关系情境里总是觉得不开心呢？主要的原因，来自以下三点。

1. 做出的行为并不顺应自己的行为风格

每日需要扮演的角色太多，忽略了自我觉察，做出的反应总是用来回应或者抵抗外界的需求，而不是出自自己的人生取向。

以卡米尔为例，她是一位经营旅游用品店的CH风格职业女性，因为孩子还小，每天都有太多意外事件需要处理，没有任何规则可以遵循，只能凭着本能做出反应。她被时间压力逼得时常需要担任家庭里快速做决定或是催促的角色。养儿育女占据了她大量的精力，也影响了她的生意，卡米尔被压缩到没做好评估就需要下各种决策、订货叫货，又要在一片混乱下处理销售与仓储。这样的状况让卡米尔表现得越来越强硬、焦躁、没耐性以及不快乐。

卡米尔疲惫的身体及情绪的低落，影响了她的婚姻（她总觉得为什么我就是一个啰唆的妈妈,先生就可以当一个慈祥的父亲),也影响了婆媳关系(婆婆如果要来帮忙带小孩儿,她会很想干涉婆婆管教的方式,很想跟婆婆争夺教养的主权,但从前的她控制欲没有那么强,情绪控制得比较好,也比较理性冷静)。这样的情况,除了源自生活的压力之外,也来自她对自己所扮演角色的抗拒,她不喜欢这样处事,她也不喜欢如此的生活状态与节奏。这并非表示她的抗压能力不足,而是她没办法在这种被迫采用 CT 行为风格的情况中感觉到自在、有所发挥,并且能够解决问题。也就是,卡米尔因为分身乏术,扩展了 CT 的风格,但又在逆境过度使用自己原本不偏好的 CT 风格,导致她感觉到错乱、躁郁又烦闷。

对卡米尔而言,她应该重新建立自己生活的秩序,可以考虑请人照顾孩子、多聘一位雇员照顾店面,或者与先生协商家庭生活事宜的分配。她应该重回到自己原先 CH 风格的人生取向,让生活即使忙碌混乱,也在一个有规则可遵循的范围内继续。她可以有稳定的作息、每日重复操演的工作项目,以及预先规划好的明确做法。如此,卡米尔就能够更好地处理各式各样的劳务以及与先生和婆婆的关系。换言之,当卡米尔把自己稳定下来了,她的关系问题就能迎刃而解了。

人际关系的最重要诀窍,永远是自我觉察。对职业女性而言尤其如此，因为她们所面临的协商、自我调整、事情不如意、考量与照顾他人的种种情境又多又复杂，所以很容易在过程中过度回应他人（无论回应的方式是过度照顾还是抵抗性的攻击）而迷失了自己。

但是，使用LIFO方法能够让这些一人分饰多角的职业女性觉察到自己到底在哪一种状态里会比较自在、放松，能够游刃有余，又维持良好的耐力。LIFO能够让职业女性知道，她的优势跟困境其实都是来自其风格，而风格在顺境与逆境之中，会呈现善用与过当的不同状况，知道了这一点，就能够清楚地针对自己的状况学习与调整。

在此强调，风格并不是定性的人格特质，若风格就是定性的本质，那职业女性就不可能能够面对这么多不同的角色。人生取向与行为风格是来自家庭、经验、过去的价值观等因素长期塑造所造成的特质与行为样貌。也因此，掌握自己的人生取向，是一种超过人格论的方法，因为它能分析出每个个案的核心追求、渴望的目标、行为的模式以及人生观。

举例而言，如果一位女性从小被父母耳提面命"不要骄傲"，进而发展出很强的SG风格，那她即使一路学业都名列第一、表现优异，也可能谦虚地自觉是"题目简单""团队合作的成果"，而不是自己做得好。而当她进入婚姻与家庭后，面对各式各样的挫折，她也会倾向先自省，而不是先觉得对方有问题——价值观决定了个体对事情的认知、归因以及行事作风。也就是说,如果没有透过觉察来看待自己内在的价值观,一个人的价值观基本上就预言了她的人生,因为她会因循同样的价值系统,而持续一样的做事方法。

然而,职业女性其实可以改变自己的人生,就算不改变价值观,也可以维持清醒,避免运用过当。

2. 应对方式与思维已然固化,惯性使用自己擅长的应对方法,而出现过当情形

行为风格的过当,其实也是一种过度耗损自己、过度使用自己,并且没有设立好停损点的状态。如果你是一个牺牲自己、成就小孩的 SG 风格妈妈,长期把所有的重心放在小孩儿身上,认为小孩儿代表了你的生命成果,后来发现小孩儿不争气、很自私、被惯坏、不孝顺或者完全不思进取,最后失望到底时就会完全放手,心灰意冷,再也不管。没有灰色地带,只有全有全无,是 SG 风格特有的一种过当。

在这类常见的案例中,这位妈妈的问题在于,只知道一味地给予,但这种过度付出其实也是源自对自己为人处世方式的固化,只知道使用这种方式对待深爱的小孩儿,没有其他方法,因此过度奉献自己、完完全全地陪伴和为子女着想,导致小孩儿失去了独立的机会,最终也可能让自己失去了主导性。

要解决"过当"的问题，需要先让自己从思维固化的陷阱中出来，不管偏好哪一种风格，都要认清，事情从来都不是"非如此不可"。如果感觉到自己陷入了偏执、用力过度、紧绷却无法让事情更好的境地时，请记得适度抽离，让自己有放松的机会，控制行为的过当，并寻找"扩展"其他行为或者寻找支援，以"结合"不同风格的方式，来让自己渡过难关。

3. 情感容量已满额，无法真正共情与同理他人

看到这里，可能有很多职业女性会惊呼："我才没有被别人同理我的处境吧！""为什么总是要我同理别人？"确实，职业女性承受的情绪负荷量很惊人，导致她们的情感容量已经满额，光是要处理自己的情绪都来不及了，要如何顾及别人的情绪呢？

这里所说的共情与同理，并不是要职业女性"照顾别人""善解人意"，而是以一种解决问题的务实态度来找出关系陷入困境的真正核心。

因为同理与共情是沟通的重要基础，人与人无法只"讲理"，很多时候，即使我们想要就事论事，但当牵涉到人际关系、双方的家庭、差异的成长背景、世代问题以及观念相左等因素时，很难单就是非对错来处理问题。要解决这样的情况，比较好的方式就是真的进入对方的情境里，去感受对方看似无理取闹的反应里真实的需求是什么,回应(或如果不愿意回应,也至少正视并与之讨论)那个真实的需求。大部分时候,人际关系上的外显冲突都和双方真的介意的重点或者彼此之间真实的芥蒂没有关系。例如前面例子所说的伊芙,她当然气自己先生不做家务事,但她真正愤怒、恐慌、不安的其实是职业生涯会不会因为家庭的缘故而被耽误;家务分工是一个比较外显层次的问题,它需要被解决,伊芙的先生费德要学习主动承担。但更深层的,两人婚姻中的症结,其实是伊芙不想被困在家庭里,她不希望家庭耽误了她的事业发展,而这需要更浩大而细致的过程来彼此理解、互相同理,并且找到可以让双方都满意的解决方式。

职业女性时常遇到的婆媳问题也是如此。一个偏好 SG 风格的婆婆遇到偏好 CT 风格的媳妇,婆婆觉得媳妇怎么每天都做一样的菜?这样的饭菜对小孩来说营养够吗?媳妇觉得自己每天已经够忙了,外面打包回来饭菜或是很快做出三菜一汤就好了,根本无暇顾及营养等问题。

这个典型的情境,表面上是婆婆对孙子健康的忧虑,但其实也可能有着更深层的内心戏。例如婆婆从前可能就是非常用心地处理每日的饮食,用这种方式来付出爱与关怀,但当她的小孩成家了,她生命中最热切、羁绊最深的对象也就暂时和她失去了那种紧密的联结感,于是,她只得用一种好像在找麻烦的方式来找回存在感，并证明自己过去的经验是有用的。媳妇面对这样的状况，当然也可以和婆婆据理力争，说明自己赚钱养家、分摊房租很辛苦，不应该被这样刁难，但通常这种争执不会有任何进展，只会让两人的嫌隙越来越深。

比较有智慧的做法是，根据婆婆 SG 风格的价值观，也就是利他、奉献以及"被当作一个有价值的人"的需求，来选择对待婆婆的方法。例如，知道婆婆在意家庭的饮食状况，知道婆婆想要参与儿子的家庭、想要拥有联结感跟某种决定权，那就适当地示弱，表示自己实在是忙不过来，但也知道健康饮食真的很重要，邀请婆婆负责或者协助处理伙食问题。基于婆婆的 SG 风格特性，她如果答应了，就会非常地投入、极度地认真，并且会希望整个家庭的人都能够因为她的努力而更好；对媳妇而言，婆婆分担了烹饪的压力，给自己省下了更多时间。

就如同前面章节中一再提及的："用别人喜欢的方式，来对待对方。"这句话并不只是要人们巧言令色讨好他人，而是在协调过程中，直指他人需求的核心，桥接双方的差异，才能在沟通的过程稳妥地处理好每一种不同的状况。

职业女性面对的情境及扮演的角色错综复杂，光靠惯性的回应及尝试错误的经验基础是无法妥善处理的。使用 LIFO 方法，帮自己抽丝剥茧地寻找出更合适的风格转换及长处管理的策略，绝对可以让你及周围人的人生更美好。

LIFO®
企业管理篇

▌掌握个别差异,提高管理效能

当我们谈到管理时,想到的是大量的日常性事务以及各种绩效、审核、评估以及人事相关的细节。亦即,管理是一门繁杂但又至关重要的学问,一个组织/部门要能够维持稳定的运作,依靠的就是良好精密的管理。

管理并不是什么艰深的学术理论,而是一种需要长时间且需要时时刻刻因状况变化而做出调整的务实性实践。要做好管理,需要对外在环境与周遭人际状态具有足够透彻的觉察,知己同时知彼,才能让团队管理顺畅无阻。

LIFO方法应用在管理上,能够协助经理人透彻地了解自己、属下和上司的管理风格。若能以这些资讯为辅助,经理人在许多方面可以少走很多弯路。

就自我觉察的层面而言,我们时常会看到各种文章宣传某种人格类型才能成为好的管理者。然而,"好管理者"的标准却又莫衷一是,到头来,把各种好管理者的榜样放在一起看,似乎需要三头六臂、十项全能：要强势、目标性强，又要民主、善沟通；要细心谨慎，又要有大局观而不耽溺小节；要具备控制局势的能力，又要懂得授权给下属；要具备人际敏感度，又要对事不对人。这些资讯让人看得晕头转向，看完还是不懂得如何才能精进自己的管理才能。

事实上，从来都不存在"比较理想"的管理风格，要想做好管理，不需要去改变自己的性格，因为每一种管理风格都是好的风格，只要认识自己的管理风格偏好及长处，并且懂得如何善用与控制过当即可。

这个章节，我们将分成三大部分，分别处理经理人发展管理风格的方法、如何管理不同风格的部属以及向上管理的艺术。

认识自己的管理风格

一个偏好支持／退让（SG）风格的经理人，基本的生活哲学是：认真工作，以无懈可击的卓越去证明自己的价值。其特质为：为人着想、理想化、信任、忠诚，乐于帮助他人以及具有接受力。当别人要求他协助时，他会十分急切地去回应，但却希望自己更常有说"不"的勇气。偏好 SG 风格者，在升任经理时，通常会有以下的心情："既然公司器重我，我当然会认真做个好主管。我会多花些时间栽培优秀人才，并让他们有参与决策的机会。"也就是说，会认真回应组织的肯定，同时希望能建立"共同参与"的决策机制。然而，每一个长处都会有相应的缺点。所以，对一个偏好SG风格的经理人而言，"为人着想"可能会变成"自我否定"，"理想化"变成"不切实际"，"信任"成为"轻信"，忠诚变为"受制于义务"。

一个偏好掌握／接管（CT）风格的经理人的内在哲学是：如果他希望某件事情发生，他就必须主动使那件事情发生。其特质为：掌控力、自信、有说服力、热切、富冒险心以及具有强制力。当偏好CT风格者被指派为管理者时，他通常会认为，这是一个自我展现的机会，并且打算尽快在公司内部推动各种方案，尽快取得成果。目标明确清楚，并且追求速度是CT风格会有的表现。然而，当行为过当时，则会变成一个"控制型"的管理者，操控他人、自负、刚愎自用、没耐性、赌性强，并且采取高压管理。此种类型的经理人喜欢掌控事情，并且表现主动，但他应该要更合理授权，并且要学习分工的艺术。

偏好持稳／固守（CH）风格的经理人秉持的原则是：他要以目前所拥有的为基础，评估现有的资源，并将其发挥最大效用。他具有实际、实在、保守、坚定与周详的特质。偏好CH风格的经理人在升职时会认为：公司升我为主管是看中我守成的能力。我会尽力贯彻公司的决策，让一切事情都能够按照计划进行。CH 风格高的经理人长处是稳定性高，但过当时可能会显得不具创造性、吝啬、拘泥于资料、疏离、固执和过于谨慎周密。换言之，偏好 CH 风格的经理人容易在行动前把事情看得很严重，并过度耽溺在分析里，也就是缺乏实际的行动能力以及对人际相关的敏感度。

与之成对比的是偏好顺应／妥协（AD）风格的经理人。他们强调人与人之间的关系，会发掘他人的感觉、需要与欲望，然后尝试去满足这些需求。他们对自己的管理职务会有这样的认知：要对内激励部属士气，建立我们部门和其他部门的良好关系；对外则把重点放在了解客户真正的需求上。他们的长处是：有弹性、有热忱、擅长跨部门沟通与公关工作、富创意、有技巧，并且适应力强，知道如何借力使力地完成工作与进行人际关系的管理。但他们也有可能言行不一致，没有秉持的原则或漫无目标。

不只使用单一的策略：扩展管理风格

经理人在进行管理时，之所以容易采取四种风格的其中一种，乃是因为过去的成功经验所导致的。也就是说，当你过去偏好某一种行为风格，而此种行为风格又让你出类拔萃、顺利升迁时，这种风格对你而言势必是有效且值得仰赖的。

创立 LIFO 方法的两位心理学家／管理顾问大师阿特金斯

与凯契尔博士指出："人不需要改变自己的风格倾向，但也不需要一直拘泥在特定的行为风格里。"亦即，好的经理人，不需要去扭转自己的行事风格与长处，不需要让自己脱离原本行事的惯性，像是把原来擅长人际沟通与协调的特色变成力求目标与绩效导向的管理等。但应该思考，如何扩展自己的管理风格，让自己既能维持原本的优势与习惯，同时又可以根据上司、下属、团队或者公司的需求，来增加其他风格的长处。

一个经理人一旦能够认清自己和周遭人的风格，便可以采取各种方法来改进自己的效能。他可以特意找机会运用自己的长处，可以借由和其他具备不同长处的人合作来扩展自己的风格，并学习去欣赏不同风格的伙伴，以达到更好的沟通。他也可以辨别引起他过当行为风格和长处的人与情境，并找出方法来消除造成这些过当行为的压力。

举例来说，一个经理人如果在 SG 风格偏好上的得分较低，他可以在日常情境里试着练习让团队里的其他人表达意见，不要任何情况下都一马当先，试着调整自己的思考模式，让优先顺位从"任务完成"稍微转成"团队共好"。若他的 AD 风格偏好较低，那这位经理人可以自我训练多考虑他人的需求，增强社交能力，并且尽量培养自己应对事情的弹性。如果 CT 风格为不偏好风格，那可以练习多以目标为导向的方式来进行沟通管理，也就是公事公办，以完成目标为主，让自己在具有人际敏感度的同时，不要被人情压力给绑架。而若不偏好 CH 风格者，则可以重新审视公司的规章制度，与他人合作建立一套完整而实用的 SOP，让自己就算性格上不够细腻仔细，也有可以遵循而不会乱了手脚的方法。

再以一位国际科技公司的副总裁罗伯特为例，罗伯特曾任其公司的全球某事业部总经理，公司厂址遍布菲律宾、泰国及中国，管理数量庞大的员工。当他被要求赴菲律宾设新厂时，周遭多数人极度不看好，由于一般人对菲律宾长期有着劳动力低下、容易得寸进尺的刻板印象，导致赴菲律宾管理工厂被视为严峻的苦差事。当他真的到现场后，发现这种既定印象里有着文化差异导致的误解。菲律宾员工会问："交通津贴怎么给？我住远一点儿，我能不能再多拿一点儿？"或者进一步问："公司能不能配机车？"让原本 CH 风格较高的罗伯特对这些员工有第一印象的误解，觉得他们似乎在讨价还价、要求太多，意图挑战公司的制度及管理层，但事实并非如此。若缺乏敏锐的观察，确实会维持对菲律宾员工的错误认知，认为他们贪得无厌。其实是因公司不够明确地阐明这些员工所关切的政策，让员工怕吃亏而不断询问，造成双方沟通的恶性循环。罗伯特扩展了 AD 风格的长处，让他能从员工的立场去理解，进而开诚布公地订立相关的制度。

工作品质方面，刚开始菲律宾厂所生产的产品品质不佳，罗伯特的做法是将中国台湾长期使用并且得到认证的一整套SOP带过去，让当地劳工完全依循台湾地区的方法。原以为是最缜密严谨的方式，没想到此做法导致合格率极低，生产出来的产品几乎都是废品。经过勘察后，才发现症结在于SOP的内容过时，有大量需要重新试验与更新的部分。在台湾没有发现SOP陈旧而需更新，是由于台湾劳工善于随机应变，即使指示有所误差，他们也能自行调整，最终达成目标。菲律宾劳工做事遵照步骤、照本宣科，因此需要给予精准的范本。厘清问题后，罗伯特和工程师一同将SOP全面翻新，产品的合格率骤升，甚至超越大部分的分厂。于是，他归纳道："带领其实也没有秘诀，勇于突破改变即可，并且要能桥接员工们的长处，就得以转危为安。"

罗伯特具有工程师背景，偏好的主风格为CH，但他并不只使用CH风格的行为模式与策略，当他遇到需要大刀阔斧进行改革的状况时，也运用了CT管理风格的长处，他不谨守旧制度，反而是风风火火地更改了菲律宾工厂的SOP。由此可见，适当地扩展自己的风格，在不同情境下策略性地转换应对方式，能够有效地让经理人度过压力情境与危机。

如何管理与激励部属？

管理难，难在服众。人有千百种，究竟如何让不同类型的人都对你心服口服？如何让大家都愿意配合你所提出的管理方针？

1. 与不同类型部属沟通时的"亮点"与"误区"

首先，要先厘清各种不同风格的部属在沟通上期望的"亮点"与"误区"。也就是要了解对方到底想要知道什么资讯，在意的价值原则是什么，通常行为的惯性是什么，怎么样可以加强对方的配合动机。

如果是偏好支持／退让（SG）风格的部属，他们通常对公司具有一定的忠诚度、努力肯干，并且也希望能够为团队尽一份心力。因此，若要管理此种风格的部属，通常要做的是给予足够的"意义感"，也就是说，让对方感觉到目前组织的走向是有远景的，而且是具有原则和价值的，要和他们"共设目标"。

对偏好 SG 风格的部属，态度要尊重，表示接纳并且强调理想性。若表现出尖酸、批评与嘲讽、失败主义且不加以支持，就很容易让 SG 风格的部属丧气且不愿意投入。

另外，对待偏好 SG 风格的部属的"误区"为：许诺空头支票。SG风格部属在意承诺，若轻率许诺加薪、晋升相关的约定，却因为公司本身对薪金、晋升的规定和程序而无法更改，造成许诺落空，那你在下属面前就诚信扫地了。关心SG风格的下属，重要的不在口头承诺，而在身体力行的心意。要让他们感觉到你真正在为他们的期待而努力，并且具有真正的诚意。例如给予崭露才华的空间、在重要人物面前夸奖下属或者让下属担任重要的职位等，让他们知道"你有看见他们的投入，并且予以感激"。

若是偏好掌握／接管（CT）风格的部属，他们通常在意的是个人成就。因此要给予其竞争意识，并以积极的态度与之沟通，步调要快。同时，要强调"开创新局"。也就是说，在你的管理下，可以让CT的部属迎接新挑战，见识新局面。不要让他们感觉到资源受限、权力削弱、责任减少或没挑战性，要对他们强调行动，让他们有自主决定的空间，并且提供机会。亦即，与偏好CT风格者沟通时，总是要给予"机会""结论""下一步"的资讯，让他们能够意气风发、充满斗志地动起来。

对待偏好CT风格的部属的"误区"为：干涉过多。例如新录用一位CT风格高的业务人员，你详细地为其解释主要客户的特性以及公司产品的特质，并且教导如何与客户建立关系、如何经营人脉的秘诀等。也许你是满腔好意，认为这样能够帮助部属进入状态，给予指引，但对他而言，他可能认为你不信任他的能力。

偏好持稳／固守（CH）风格的部属在意理性与按部就班。与其沟通时不要带情绪，根据事实多方询问，并且强调实用性。让他知道如何分工、利弊得失以及相关的数据，最好还能依循公司的规章，并且找出旧有的惯例，让其能遵循而安心。

而对待 CH 风格部属的"误区"为：不断改变。若你的管理方法一再变动，方针与目标也一再变换，那么，偏好 CH 风格者便会对你失去信任，觉得你不靠谱，而且对你的草率感到很厌烦，并且不愿意配合。

偏好顺应／妥协（AD）风格的部属在意和谐，因此，你要表示友善、显示弹性，并且表示接纳，且具有开放性。要让此种类型的部属知道大家的意见，减低人际沟通中的破坏性，并且在人际互动中保持轻松的态度。

对待偏好 AD 风格的部属的"误区"为：态度严厉，用权威的方式管理，给予太多常规与细节、严格的时间底线，以及过度关注对方的工作而非关注本人。要让 AD 风格的部属感觉到你在意"他本人"以及"与他的交情"，而不是冷冰冰的业绩、绩效以及功利的工作表现。

2. 依据差异做调整

人事方面的管理，最重要的是要依据差异进行调整，不同类型的部属会有不一样的行为风格。在进行管理时，要思考的不是"该怎么让他变得更细心？怎么让他更有野心？怎么让他更懂得与客户搞好关系？"，而是思考"该怎么样让部属能有更好的发挥？又该怎么激励部属，增强其成就动机？"

而除了上述的沟通方法以外，在绩效管理上，也应当根据不同人的不同特性，进行人性化的调整。也就是说，当部属在做他所擅长的事情时，他就会如鱼得水。但当你今天要求他进入新的领域，担任和他长处不符合的职位时，就要对其展现耐性，并给予学习的空间。

举例而言，请一个不偏好 CT 风格的部属负责一个项目时，若他效率较差，那可以让他慢慢推进。若请一个不偏好 CH 风格的部属处理文书时，就要多提醒其注意细节，仔细勘误。而若让一个 AD 分数较低的部属进行销售工作时，可以给予较多的客户资讯，让对方能够在面对客户之前有所准备，免得冷场。

换言之，绩效管理应当使用一种相对多元的标准来面对不同的部属，管理者不可能要求部属全能，因为经理人乃至上司本来就不是全能的。将 LIFO 方法应用在管理部属上，便能够学习到因人而异的管理艺术。

同舟共济的艺术：向上影响与沟通的实战攻略

前面的篇幅都在谈论向下管理，现在就让我们来谈谈向上影响。

上级管理何以重要？因为它牵涉到个人工作的效率、顺畅性以及职业生涯的顺境与逆境。你的上级，基本上是和你在同一条船上，你们之间的利益是捆绑在一起的。对方是掌舵人，你则是让船顺利行进、观看风向，并且调度人力的能手，彼此谁也缺不了谁。良好的上下级关系应是同舟共济、携手达标，然而，若是相互猜忌、怀疑、虚假沟通、被动，并且具有攻击性的互等对方犯错出丑，这就是一场双输的局面了（然而，这又是常见的一种上下级关系的状态）。

今天就让我们来分享一位 LIFO 学员蒂姆的亲身案例，让我们来厘清如何使用 LIFO 方法来进行有效的向上沟通。

1. 理解不同风格主管的行事特征

蒂姆是中国台湾某高端 IT 技术公司内的人力主管，他原先的领导威廉为高度的 CH 风格，极度谨慎、仔细，并且思虑周全。依据蒂姆的说法："我们相处愉快，我自己本身的 CH 风格分数也不低，且跟随威廉多年，掌握到了对方的要求精准、缜密以及近乎严苛的逻辑，我算是他的得力助手，做得到威廉大部分的要求。他的特色是，在你与他讨论某件事情时，会觉得很有挑战，因为他会不断地逼问：还有什么资讯？你有收集到更多的证据吗？挑出你遗漏的细节。但当你的思维跟整体脉络还没整理好时，他在逼问之外，也会协助你做一个完整性很高的确认跟归纳。"

威廉的上级就曾评论道："他是一个做事非常可靠的人。"然而，威廉的稳健却没有获得研发部的同级主管史蒂夫的青睐。史蒂夫的主风格为 CT，由于其迅速、目标明确而不废话的风格特性，他总是嫌威廉的步调不够快。蒂姆回忆，在双方还是平行单位的同级主管时，就时常见到威廉要找史蒂夫研讨事情，正待他要从头开始慢慢细说时，史蒂夫就没耐心地走了，旁若无人，也不在乎威廉才说到一半。蒂姆说："我目睹了一切，见证了两人关系的紧张，以及史蒂夫在人际方面的直率作风。"

造化弄人，威廉后来被调职到其他单位，而史蒂夫也同步地被调到蒂姆所在的人力部门，这位作风强势、和蒂姆的前上司不合的人，就这样尴尬地成为蒂姆的新上级。蒂姆作为前朝遗老，首当其冲地承接了威廉和史蒂夫之间累积的冲突，他坦承："我刚开始是忐忑的，不清楚自己未来的职业生涯会怎么发展，担忧现任上级与前任上级之间的不合会影响我的事业发展。"

换言之，对蒂姆来说，除了承继了两位上级之间的争执之外，他还面临一个转折，就是从和主风格为 CH 的上级共事，转变到和主风格为 CT 的上级合作相处。

2. 桥接彼此的差异：找出最有效的沟通方式

史蒂夫交接以后，第一次和蒂姆接触，就直接坦诚道："我不欣赏你。"

这个看起来很剑拔弩张的初次正式见面，其实对他们双方来说是一次很有效的沟通。由于史蒂夫偏好 CT 风格，他快狠准地把话讲开，并表达自己的意见："你太像你以前的领导。做事情看起来品质很好，但不够快、狠、准。"

如果蒂姆在这个被指责的当下，把这些话语都当成针对他前上级，甚至是针对他个人的偏见，那他与新上级之间就不可能有良好的发展。然而，蒂姆一听史蒂夫的发言，便了然史蒂夫和威廉之间的冲突，其实不是两人有什么实质的利益冲突或私仇，而是不同价值观、相异的风格所导致的沟通障碍。

史蒂夫在表明自己的态度之外，也尝试一些方案解决："我想我要慢慢淡化对你的偏见，请你也试着不要像你之前的领导那样。有些事情就直截了当地跟我讲结论是什么、你打算采取什么行动。"

蒂姆回道："那我也请您帮一个忙，当我们还在讨论阶段时，能不能多给我一点儿时间构思？不用像威廉给的时间那么充裕，但给一个刚好足够的思考时间。除此之外，因为我熟悉不同部门的运作与人事，在这方面我也会协助对外的沟通协调。"

两人迅速达成了共识，也形成了针对各自长处的分工。

蒂姆的 LIFO 风格以 CH 及 AD 两种风格为主，现在史蒂夫希望他的 CH 风格可以不要过当，能够加强决断力，蒂姆就用自己 AD 风格所具有的弹性、配合度高、能够抓住他人喜好习性的特点，与史蒂夫协商，并在往后的工作分工上，协助史蒂夫在人事方面的沟通处理。

蒂姆认为，对史蒂夫这样的 CT 风格主管而言，他说话不客气、雷厉风行，但和他沟通可以直来直往，花最少的时间在虚与委蛇上，用最快的速度达成共识，找到彼此的共通目标。也就是说，双方都把需求表达清楚（即使看起来气氛有点儿紧张），并顺利地发展出双方长处上能够互补的部分，这是对史蒂夫而言最有效的沟通方式。另外，偏好 CT 风格也有公私分明的特征。因此，只要让对方觉得你不会继续维持前上级的行事风格与做事方式，他就能够重新公正地看待你的表现。虽然扩展原来不偏好的 CT 风格并不容易，但蒂姆的调整，还是收到不小的成效。

3. 让上级如虎添翼："扩展"与"结合"双方的风格

几个月过去了，蒂姆和史蒂夫的互动渐入佳境，两人逐渐发展出一种适合彼此的"谏言"模式。蒂姆理解他的上级希望他积极主动、达成目标，同时还能够取长补短地给予史蒂夫决策与行为上的建议，亦即，成为他得力的左右手，而不是被动地服从命令者。

然而，蒂姆也深谙史蒂夫的特性：容易急躁，因为喜欢快速下决定而容易草率，同时常常对事情产生强烈的情绪。虽说如此，他能够接受谏言，也接受直截了当的讨论方式，唯独要顾全他的面子，不要让他在众目睽睽下难看。

因此，蒂姆发挥 AD 风格的长处，以高度的临场反应来"以软化硬"，总是在史蒂夫控制不住情绪、要在会议中大发雷霆时使眼色，而不是用话语来截断对方；若史蒂夫激动到忽略了那些暗示，那便在事后才给予意见。久而久之，史蒂夫对蒂姆越来越器重，越来越重视他的谏言，双方的信任感也越来越稳固。更有趣的是，史蒂夫在要指责部属前，都会事先询问蒂姆的意见，让他为自己踩刹车，再一起构思出比较周密的管理方案。

换言之，史蒂夫在与蒂姆搭配时，可以比较有觉察地控制自身的 CT 风格过当行为，同时，行事风格也变得比以往谨慎仔细；而蒂姆自己当然也因为史蒂夫对积极、决断力、明确目标与速度的要求，而扩展了自身较不偏好的 CT 风格。

从这个案例我们可以看到，以 LIFO 方法来进行向上影响，重要的是理解上级的风格偏好，从中读出上级喜欢如何被对待，并"善用"自己的长处，让自己的长处能够协助并助推上级的进步。

在沟通上，掌握桥接的秘诀，配合对方最偏好的沟通方式来提出需求和提案，以获得共识来促成行动。而在长久的共事上，要结合彼此的长处，把双方在观点与长处上的差异当成转机，让彼此成为最互补的伙伴。

善用长处发挥领导力

当我们谈到领导,似乎不可避免地会提及"领袖气质"。领袖气质关于人格与特质,乍听起来给人一种与生俱来之感,像是电影里的命中注定之人;然而,对行为论的专家而言,"天生的领导者"其实是不存在的。就行为面而言,个人通过模仿、学习、实践、在特定情境采取特定行为等做法,也能够成为优秀的领导者。领导永远是众人之事,而这需要经历社会性的学习,以及在各种实务经验中,寻求有效、自然、贴合个人倾向的带领团队的方法。

用 LIFO 的语言来说的话,就是每个人的风格不同,长处也各异,最重要的是找到自己的偏好风格,进行相关的长处管理。领导是基于自己本身的倾向、偏好与价值来让自己更具说服力、更能够影响团队,把自己的本质好好发挥,并让人愿意跟随,才是培训领导力的根本。

想要提高自己的领导力,首先需要诚实地面对自己的优势与劣势，进而和别人展开合作。其次，"有意识地"将自己职场的每一次团队合作（跨部门沟通、跨国合作、与背景来历相差甚大的员工磨合、带领小组解决问题等）累积成经验资料库，训练自己宏观的视野、沟通与协调的能力、灵活的处事方式以及深刻的洞察力，以便在决策时，除了认真思索各种内外部条件外，有时也犹如本能一样地运用直觉，迅速且自然地在各种情境下发挥影响力。

四大领导风格

接下来，我们根据四种不同的风格来讨论不同风格的领导优势，在担任领导者时，该如何善用自己的长处在计划推展的不同阶段都能让事情顺利进行。

1. 支持／退让（SG）风格

如果你是一个偏好支持／退让（SG）风格的领导者，那么，在他人眼里，你就是个"认真、诚恳与在意价值感"的人，也就是，你通常会有不错的信用点数。

在担任领导人时，要多凭着个人的诚信及以身作则来获取他人的信赖。号召众人时，能把自己的价值理念阐述清楚，多强调做这件事情的使命与意义，用指出大家共同的愿景来促成行动。

当计划成形，在形成决策时则共同决定或者向上反映大家的共识，并且鼓励群众参与来解决问题。当项目分工合作时，也通常以信任的态度对待伙伴或部属，有耐心，以需要来查核，而非步步进逼。

LIFO 的资深顾问梅是一位偏好 SG 风格的总经理。她年少得志，一毕业就到一家美国企业担任教育训练处的主任，带领一个精英小团队，服务数千位员工的教育发展。梅当时带的助理很多在资历与辈分上都长她一轮，对这些人而言，年轻的梅俨然就是空降而缺乏资格的领导。然而，梅以三种方式来服众，并建立了"真诚""卓越"的团队氛围。

首先，她任劳任怨，接受上级领导安排时总是一人身兼多职，证明自己出色的能力，既担负全公司教育训练的规划与执行，又负责全面质量管理的管理变革相关活动，并且担任公司内部刊物的总编。她发挥自己的特长，老板也大方授权，虽是初出茅庐，但她很快就把握住了这个极好的舞台。

其次，她将上学时期学到的人才发展知识用于组织内，她提出的公司里首次教育训练中的需求分析，乃至后续的员工发展、接班管理机制，都大幅改善了公司的人才发展策略，让团队成员信服，他们认为在梅的带领下，工作很有使命感，也非常充实。

最后，她善于调整自己的心态，刚开始面对不合作的部属时，梅不从个人立场来评判这些人，而是相对客观并包容地看待这些部属，并让部属们发挥所长，提升他们工作的自觉性。梅诚心诚意地协助部属成长，甚至帮助团队成员进行职业生涯的规划，她回忆道："当你用帮助别人的心态来领导团队，对方也可以感受得到。"梅的SG领导风格带给了团队很清晰的核心价值，也因此，当时的团队互动紧密、运作良好，同时也促进了整家公司的人力发展。

2. 掌握／接管（CT）风格

若偏好掌握／接管（CT）风格，那本身就已经是一个说服力强、效率极高的领导者了，也就是说，此种领导者通常都是开创新局、邀请大家加入这个新挑战的那个人。

通常偏好CT风格的领导在计划规划初期时，会以传达急迫感来促成更高的成就（即使有时候不是真的这么紧急）。这样做的好处是，事情会快速地成形，而领导人就可以借此迅速地选定一套明确的行动路线。

若中间遇上问题，CT风格偏好者因为求快，不偏向于向人求助，所以通常会独立操作、自行解决，这时候其实也可以咨询专家，得到专业的意见，从而帮助解决问题。而在交付任务上，CT风格领导通常都假定部属或者伙伴能力够强，只提供最少的监督、解说与协助。这样做的好处是各自给予彼此很大的空间，而且不用时时刻刻紧盯各种细节。在给予部属或伙伴回馈时，此类领导是赏罚分明、利落明快的，会直接给予奖赏，也会很明白地指出过失。另外，偏好CT风格的领导通常只有在需要的时候才会让你报告工作进度，他们不像SG风格者总是要求联系并提供工作报告。

3. 持稳／固守（CH）风格

偏好持稳／固守（CH）风格的领导者谨慎、小心、极具条理，在号召众人时，发挥自己的分析能力，审度及解释目前的情势，以此说明目标的重要性，同时提供一套完整周详而稳妥的计划，监督大家按表执行。

以充分审核相关事项作为任何决策的前提，若发生问题，那就先停下脚步分析资料，评估各项方案，再逐步推进。在交付任务时，给予详细的指示，定期查核工作进展，并且以客观的方式来评定绩效表现。另外，通常他们会要求部属或者伙伴定期提供大量的档案资料，而不像CT风格的领导者那样不随时追问工作的相关情况。

商管系系主任苏珊上任时很不甘心，她就像其他同事一样，并不想担负行政职位，更想专注地做研究。然而，即使并非自愿成为管理者，她仍尽心尽力地领导整个系所的制度面改革。

首先，苏珊注意到系所的账务长期混乱，而文书档案的归档与整理也做得很糟，因为办公室里的职员皆在同个岗位很多年了，很多甚至比苏珊与她的同事们还要更资深，因此，整个组织弥漫着一种散漫、有恃无恐、坐领高薪的气氛。而教授们对担任行政主管避之不及的态度更是让整个系所长期没有领头者，亦没有人来监督整体的运作模式。

于是，苏珊召集大家，定期召开停摆已久的系务会议，对众人分析这样的组织文化将会让他们和院级单位失去申请经费的机会，并细致地安排了每一位职员的轮调，让长期的账务混乱、人事资料缺乏统整、系统老旧等问题浮上水面，并让不同的人员轮流学习解决，而非像以往一样，每个职员永远在同一个职位上，导致没有人了解除了自己业务以外的事项处理进度而造成不透明、藏纳疏漏的问题。

由于苏珊以理服人、态度冷静，又把标准作业流程制定得很清晰，因此，她的改革并没有遇到什么阻碍，而系所整体不再是一潭死水，校务会议上也一致通过给予商管系更多的资源。

4. 顺应／妥协（AD）风格

对偏好顺应／妥协（AD）风格的人而言，与人互动时的高情商就是他们的最佳优势，社交力就是他们的超能力。在要影响他人一起加入一个计划时，AD 风格者通常会根据人性需求来达成共识，告诉大家如何能借由行动来达成期望。

在计划执行的初期，偏好 AD 风格者会对大家宣告决策，但这个宣告是可能会根据部属或者伙伴的反应而重新调整修订的。若中间遇到任何的问题，偏好 AD 风格者能够尝试探索各种可能的解决方法，也很乐于向他人请教求助。而在分工、交付任务上，他会邀请所有人参与，并做非正式的核查。在大家一起合力让事情完成的过程中，会给予正面的鼓励，并且和每一位伙伴都保持着非正式的联系。

换言之，偏好 AD 风格的领导者发挥长处的方式就是维持对人的敏感度，并且善加利用自己沟通的强项，让事情能够在人和而且顺畅的方式下完成，总是能在和谐愉悦的气氛下找出大家都能接受的方案。

以担任环保团体秘书长的雷蒙德为例，由于是公益团体，大家怀着对理想及价值的追求而来，雷蒙德为团队创造出了良好的亲密、民主而平等的文化，他们的每一次行动都经过所有成员的讨论，若不是真正达成共识，雷蒙德不会带领执行。除此之外，他也很擅长设计各种特殊福利、弹性工时、职务的调动、升迁或奖金来提振员工的士气，并花费大量时间和组员培养感情。也因此，即使在非营利组织工作薪资并不高的情况下，机构的人员流动率非常低。

此外，雷蒙德还很有创意地策划了不少面对社会的宣传及公关活动。虽然机构的任务是宣传推广环境的理念及措施，但对于这个严肃议题，雷蒙德认为需要增强大众对它的了解，才能让环保观念及方法更深入人心。所以，他带领部属们组织了一系列有趣的活动，加上名人的捧场，很多家庭扶老携幼来参加，既让参与者度过了一个愉快难忘的周末，又兼具教育意义。

扩展与桥接：面对差异，如何发挥影响力

然而，当一个好的领导者，除了要展现自身的优势外，你将面临的问题是：如何影响他人。而这就牵涉到风格差异，也就是说，当所有人都如此不同时，你要如何说服与吸引他人？

以下我们就要来谈谈四种风格的领导人该如何与他人桥接，又该如何控制过当。

领导力的培养，很重要的核心在于：用愿景来领导他人。

所有的号召、引领、让众人追随，一定都是从一个好的愿景开始。

然而，愿景其实代表了一个人的价值观。一个人有什么价值系统，就会受到相似的愿景与目标的吸引。因此，重点在于，如何"扩展"自己的风格，用不同的方式和周遭各具差异的人

沟通，让众人都能接受你的方案。

当你要向偏好 SG 风格者说自己的方案时，需要"扩展"自己对意义感的追求，以及认真、诚恳的态度。需要强调这个方案里所蕴含的社会价值与公益性，这个方案有什么"利他"的可能，"我们因为想要改变现况，共同让现况变更好、更具意义，因此才来推动这样的方案"。要让对方看到其中互相合作、携手共好的前景，让对方感觉到这是一个需要相互支持，并具有深层理念的项目。

而当你要沟通的对象偏好 CT 风格时，你要"扩展"自信、强势并且肯定的态度。千万不要跟他唠叨，挑重点讲，提供这个方案给予的可能性与挑战，让他知道他可以大展拳脚，他能够在其中担任一个发挥所长的角色，让他知道这是一个"新"的计划，是一个能够引领新局面、扩展新方向、打破目前状况的方案，对方就比较容易有兴致，并会跃跃欲试。

当你要来游说偏好 CH 风格者时，请先好好准备相关的资料，把想交付的任务说明清楚，让对方觉得这一切不只是空想，而是具体可行的。要拿出证据证明方案可行、风险低，而且能够稳定运作，要让对方感觉到不是难以掌握的情况，是可循序渐进、可预测的；否则，他不会愿意蹚这一浑水。

当你面对偏好 AD 风格的人，在激励他做事时，要能够幽默、有趣而灵活地与之交谈，要用平实、易于理解的语言，让气氛不要过于沉闷。同时，也要把对方在参与此任务时人际面的需求纳入考量，要让对方觉得接下来相关合作的人都是友善、和气、互相激发、彼此鼓励的，这是一个能够容纳各种天马行空的创意想法、能够让他的创造力发挥的基础。

一个好的领导者绝对是一个很乐意和他人共事的人，领导人不可能只靠自己成事。因此，LIFO方法里面所谈的"扩展"与"桥接"，除了因人而异采用不同的沟通方法以外，同时也在训练领导者的胸襟：如何和异己共事？如何和与自己不同的人讨论，并且取得共识？这个过程更能让领导者克服盲点，从别人处得到更宝贵的意见。

避免极端：控制过当让长处能够得到最佳发展

除了面对他人之外，好的领导也要反求诸己，要避免让自己走向极端，控制自己的偏好风格，不要让它过当发展。

对偏好SG风格的领导者而言，不要过度理想主义，以致把目标设定得难以达成，让人感觉到你不切实际，久而久之，他们就不愿意追随；亦不要被过度的道德洁癖阻挠了真正重要的事情，要多留心事情本身的进展，而不是被目标以外的人情因素所干扰，或者坚持未必适当的原则（例如，每次开会每个人都一定要发言，并且需多数表态支持，否则就不是真正的共识）。

如果长处发挥得好，偏好 CT 风格的人会是一个风风火火的领导，但同时，也要留意不要过度强势、干涉性过强，并且不要刚愎自用。由于本身就具有高说服性的倾向，要注意不要因此转而展现权威性格，导致别人有更好的意见也不敢表达。

同理，如果发挥得好，偏好 CH 风格的人会是非常稳当、可靠的领导，他们有大量的成功经验，会带领大家避免风险，给予一个可预期的未来。但也时常需要自我反省，是不是太过拘泥细节，以致见树不见林？是不是过于担心风险，而让事情无法推进？是不是过度保守而僵化，让事情只能维持而无法开拓到更远或者更新的局面？

偏好 AD 风格者极擅长用灵活的人际手腕来凝聚众人，但是，要注意是否过于怕得罪人而导致随波逐流。还是要切记自己作为领导者应该做到引领众人，对事情有担当，而不是过于屈从于大家的意见而忽视了关键的目标及更重要的原则。

综合而言，领导者在发挥影响力时，要学习如何扩展个人风格长处与桥接他人风格，让众人愿意跟随。但就个人而言，要时常留意反省自己，不要让原有的优势成为劣势。内外兼顾，就可以在各种不同的情境中，判断该如何自我调整，而不会太受制于你原来的策略和方法，如此才能增强你原来的领导角色，发挥个人的领导魅力。

同中求异，异中求同：
LIFO 教你组建团队

同质性团队如何扩展风格

在我们的服务对象里，曾有个偏好 CH 风格的工程团队，这个团队既勤奋又刻苦，对上级的各种指令都能按部就班地完成，做事稳定且可信赖。他们喜欢关起门来自己研发技术，对于公司反馈的产品质量问题，也总能找到最佳的解决方案。在一次年度会议里，此团队被赋予新的任务：客户服务。公司希望这些研发工程师可以参与客服工作，和客户接触，并用他们的专业对客户说明自己研发的产品，并直接协助客户解决技术上的问题。

然而，当团队负责的目标稍有转向时，公司才发现这个团队有极大的问题，明明能够产出技术质量高的产品，却无法把这些经验转成良好的服务语言，客户不在乎产品背后的专业，而只在意产品是否好用。这些工程师没办法听懂客户的需求，也对客户不了解他们的专业术语感到挫败，更无法根据客户的需求进行研发上的调整。后来，公司调派了几位擅长沟通的人员前去协助，扩展了这个团队的 AD 风格。借由这些被调派过去的 AD 风格较高者的居间沟通，让整个 CH 风格的团队能够软化他们过于封闭的专业本位主义，并学习如何扩展风格与控制发挥过当，以便提升客户服务的质量。

同质性高的团队，还有一个客户案例。百货业的一个客服部门为 SG 风格和 AD 风格的混合风格，他们的客户服务向来做得很好，对客户的需求很敏感，能针对客户的差异量身打造他们所需要的服务。然而，公司希望能制定一套标准化的服务流程，也就是无论碰到哪一种客户，都有可遵循的 SOP，而不是凭个人喜好与互动来决定要在某个客户身上花多少时间。

此种改革对团队不利，经过多次的会议讨论，仍无法产生一个让大家都有共识的标准流程。基于 LIFO 原理，公司从管理部门找来了偏好 CH 风格的同事以项目方式进行协助，让 CH 风格者在这个团队里扮演建立标准典范、方法以及流程的角色。不负众望，这位 CH 风格高的同事很快从观察以及调阅服务书面记录中，系统地整理出脉络，制定了一套涵盖重要信息的客户服务模式。

同质性太高的团队会因为所有成员都使用同样的行为风

格而遭遇到长处过当发挥的问题,此种状况下,最快的解决方法即征聘相异风格的人员来扩展团队风格的长处,加入与团队大多成员风格互补的新成员,以此来达到新的平衡。

各唱各调：异质性团队如何协调差异而取得共识

我们也遇到过高异质性但仍然无法运作良好的团队。

异质性高的团队,优势在于每位成员能够贡献的才能与视角皆有所殊异。在情况顺利的时候,团队成员之间能够合作无间,处理好各式各样的状况,成员能够运用他们各自的知识、经验,发挥各自不同的长处。有些成员根据其具备相关领域的专业知识与产业经验来处理复杂的技术问题；有些成员则特别擅长处世,知道怎么提升小组士气,也知道如何与客户沟通、谈判与协商。在技能层面之外,不同风格的员工也能够交流不同的价值观,并彼此激荡出新的观点。相较于同质性高的团队,异质性团队有更多可发展的潜能,然而,高异质性所带来的冲突矛盾也是难以避免的。

一个高异质性的人力部门碰上了一个棘手的问题：公司决定下一年度要使用更严格的考核标准,不达标者,会被降薪或解聘。这个指令一经颁布,整个人力小组乱成一团,CT风格较高的成员认为本来就应该快刀斩乱麻，不胜任的员工就该快点儿离开，以免继续拖累公司。偏好 CH 风格的成员则主张要制定一套标准，即使被质疑是否会花费太多时间在规章的讨论上，但他们仍坚持要以此来维护公平性。偏好 SG 风格者对这次的改革很有意见，认为这样没有保护劳动者的权益，并觉得所有人都是忠诚度很高的员工，对谁开刀都不忍。AD 风格者则害怕会影响到公司的士气，让整体氛围变得剑拔弩张、人人自危且不愉快。

整个人力小组各唱各的调，对于公司要求执行的政策，很难取得共识，这就是异质性团队的问题。每种考量都有其可贵的地方，那应该如何拿捏？该以谁的考量为主？又该怎么采取行动？当团队内不同的声音太多时，方向不清会使所有人持续原地踏步，即使一再反复讨论，也无法形成较有建设性的行动方案。

聆听他人，寻求共识

既然如此，那应该如何解决这样的问题呢？

首先，团队内若要取得共识，要先真正地"聆听"每位成员的坚持。这乍听之下费时费力，但这是找出共识重要的基础。

唯有真正听懂不同风格者的意见，才能建立被众人信服的"宗旨"以及相应的"行动方案"。

举例而言，人力小组里的CT风格者并不在意执行的细节，只要能够确切地实现公司的目标。偏好CH风格者则未必执着于那些细节，他们认为应当要有一套"标准化"的准则，才不会让其他部门的同事以一种"自由心证"的方式被解聘或降薪，换言之，符合程序公平是最重要的事情。偏好SG风格者在意的是"是否能照顾到所有人"。因此，若能协调出一套让他们满意的配套措施，例如合理的遣散费用或提供重新求职的就业辅导，那就符合了SG风格者心中的道德。而偏好AD风格的成员希望的是公司整体的氛围不要被破坏，那或许应当把如何和大家宣布并沟通这个新政策、如何安抚大家的情绪等细节纳入考量中。

不同风格的人有不同的意见，但这未必代表根本性的歧异，这只是代表每个人侧重的方向不一样。因此，在聆听大家的想法时，要找出不同风格者最在意、最不可妥协的点，并尊重每个人的价值取向，从中找到彼此的"最大公约数"，互相协调执行面的细节，以便能形成顺畅的共同工作方式。如此一来，小组在预算面、行政面、人际管理面都能兼顾，也才能真正达到异中求同,而不是只以表现较强势的人为主调。

LIFO 团队组建原则

一般而言,很多团队在自然发展情况下,会越来越趋向同质性,而无意识地把异质性的人排除在外。在有此觉察后,想要引入和团队成员主风格不同的人才,需要注意以下两个原则。

第一个原则,团队成员需要有包容性及宽广的胸襟。

第二个原则,新加入的成员为了能和原有成员有更好的沟通,需要了解这个团队的主要价值观及行事作风,最好这个团队的主风格不是这位新成员最不偏好的风格,这样才不会因为格格不入而无法立足。

若是为了某项任务而要新组建团队,就可以根据团队任务的要求而定调这个团队应该如何运作,也依据任务的性质来决定需要采取哪些风格的长处。例如,是更着重快速地完成任务目标,或是更注重成果的质量,还是要规避各种可能的风险,或者需要更灵活的弹性来产生更多的创意。如此,不论团队成员的风格如何,都会对团队的运作及期望有明确的共识。

没有具有所有风格优势的完美个体,但遵循 LIFO 方法,我们可以组建出更理想而完美的团队运作模式。

> **优势管理**
> 扭转人生到管理用人的黄金法则

▌建设团队：建立共识，提升团队合作 [a]

用别人喜欢的方式对待别人

"己所不欲，勿施于人"是很好的道德格言，却是很差的管理理论，它假设每个人都是一样的，它也期待以同样方式对待不同的个体会得到相同的反应。然而，事实并非如此，并不是所有人都乐于被你喜欢的方式对待。若要进行良好的管理，需要知道如何欣赏别人的风格、长处和动机，这样大家才能和谐相处。

要让你的团队有最佳表现，你必须使他们像管弦乐团一样合作：每个人都尽其所能，整个团体在融合个人的长处后也有最佳表现。要达到这个境界，你必须先剖析团队内每个人不同的行为风格。

了解个人的行为模式，主要是由四种基本行为风格组合而

---

① 编辑自 Stuart Atkins and Allan Katcher 博士原文。

成，其中有一两种最占优势。其他较不常用的行为风格则在情况需要时才会产生作用。风格无好坏之分，它们只不过是个人所采用的不同行事方式，每一种风格都是可接受的，而且都能发挥其作用。

融合和配合

在任何单位里，各种风格都有独特的表现方式，也都有其重要性。

换言之，良好的团队合作的秘诀在于融合不同的行为风格。

作为团队管理者，你必须鉴别各个成员偏好的风格，并以此作为参考来督导他们。然后借着向他们解释各种风格的特性与差异的机会，说明各种风格都能有的独特贡献，你可以促成更好的团队合作。

在你的引导下，你的团队成员将学习到如何借由融合与配合他们的风格，以及欣赏与善用彼此的差异，以达到整体最佳表现。

团队建设的危机：成员长处运用过当

然而，如果大家夸大地表现自己的风格，彼此的歧异就不容易被互相欣赏。一件好事做过火，超过某种限度的话，长处就变成了缺点。

所以，一个主要风格是掌握／接管（CT风格）的职员，原来的特色是开创和自信，可能过分得变成冲动和傲慢了。而一个主要风格是持稳／固守（CH风格）的同事，向来是谨慎、讲求方法和擅长分析，也可能变得墨守成规、吹毛求疵，甚至陷入分析瘫痪。

在你的部属之中，某个偏好支持／退让风格（SG风格）的人可能过度信任别人而容易受骗，也可能追求卓越到一种完美主义的地步。另一个偏好顺应／妥协风格（AD风格）的人则夸大他的弹性作风，变得前后不一致，而善于应对的行为也显得是巴结谄媚。

1. 过当的行为来自四种可能性

（1）过往的成功经验

人们之所以过度表现某些行为，是因为他们的风格常让他们感到满意和得到回报。他们的风格不是一向促成他们的成功吗？所以，即使情况不需要，多这样做又有何妨！

（2）环境的压力

过当也可能是由工作环境中的压力所造成的。举例来说，目标模糊就可能对工作者产生压力。当你的目标是要提高利润，但你得不到任何关于要提高多少利润或在什么期限之前须达成的指示时，就会产生压力。也可能在别人为你设下不合理的期限，你根本无法如期达成要求时，也会产生压力。

（3）职权和责任不清

在此情况下，没有人能弄清楚他们应该做什么、向谁负责、工作要求里是不是有一些互相冲突的期望。举例来说，行销部门可能要员工在工作时编列大笔预算，但财务部门则要求节省开支。

（4）工作负担过重

可能工作和责任远超过个人所能负担的范围，也可能经验不足，造成个人或整个团队都无法达成的工作要求。

在帮助员工避免过当行为前，务必先检视工作环境和工作规章，看看这些对员工有何影响，在必要和可能时尽量做适度的调整。

2. 调对频道：帮助团队成员进行长处管理

工作环境与规章调整后，下一步即分析各团队成员的风格，并依其风格来影响他们。并不是说要你改变自己习惯的管理方式，而是在不同职位上为每个成员找出适用的动机和意义。

假如你想影响一个主要风格是 SG 的人，你的办法是：请他协助，强调有价值的理由，提到他的理想和追求卓越的精神，表达你个人对他工作的关心,强调有机会自我发展。

杰克,我真的需要你协助我做这个案子。它对公司和我们部门都很重要。如果我们做得出色,大家都会知道我们的部门有多优秀。另外,能够参与核心工作,对你个人而言也是一个很好的学习机会。

当他愿意参与新任务时,和他一起讨论工作目标,显示你个人的投入及对他的表现感兴趣。当他有问题或需建议时,要给予指点,并且信任和肯定他的价值。

如果要影响一个偏好 CT 风格的人,激起他的竞争意识,提供他达成目标所需的资源,并让他表现他能怎么做。别盯着他,站远些,给予他发挥和独立作业的空间。

梅,这个新计划太难了,其他部门也料定我们会做垮。我希望由你负责来做,让别人知道我们办得到。这计划完全是你的,我可以指派你要的人——但我期待你把它做好。如果要实现这个计划,就只有你能做了。

当然,你要把后果说清楚,并设立明确的界限,让她知道你的期望。同时,你也要让她知道你会接受她的构想,并欣赏她的创意。和她略微争论一番，让她较有警觉心。

如果团队成员的主要风格是 CH，要针对他的特性制定方法。他不喜欢风险，所以提出的构想要是低风险的，是最适合他的分析能力的事，能让他运用逻辑和事实来处理问题。若要让他进入新领域，需强调新领域和现有工作的关联，这样他才觉得对新工作有熟悉感。

蒂姆，这是另一个新计划，和去年我们接的那个差不多。我希望你深入研究一下，找齐所有我们需要的资料，把它做好，我们以前做过这类案子。你知道我们要的是什么。

在对待他时，你要显示你会客观公正，并前后一致来看他的表现及指导他。他不喜欢意外或迂回曲折，所以要说得详细且有条理。另外，还要有系统地和他一起观察事情的进展。

至于面对偏好 AD 风格的人，要善用计划中与社交有关的部分，这是让他和别人一起工作的大好机会，而且有机会让他受人瞩目。

艾米，有个案子需要你来处理，公司高层对这个项目很关心，如果做得成，每个参与的人都是赢家。不过，别的部门对这个案子似乎也有意见，我们必须要把他们的构想纳入最后的方案里，不要让他们觉得我们强压在他们头上。我们一定要做得有弹性一些！

要多提供一点儿信息，对事情的进展要给予有帮助的回馈。在催促他做决策之前花点儿时间和其交流，记得要保持友善关系，轻松、非正式地沟通，并且在沟通中以他为主角。

当然，你不需要等到有真正的新任务来时才激励你的团队成员，要他们以崭新的活力来做事。进行中的工作也可采用相同的原则和选择。大家都希望团队领导人多了解他们，你可以用适合于他们风格的方式来满足他们的需求。而这也就是LIFO方法的精神：理解他人的偏好风格，并且以他们所喜欢的方式来沟通／交流与达成共识，让你与团队成员之间的合作更顺畅。

促进团队的良好关系

以团队领导人的身份而言，在控制造成压力的环境和建立激励个别团队成员的模式后，你该做的是促进成员之间的关系。

而良好的成员关系需要建立在彼此理解的前提下，你可以采取以下方法。

1. 公开讨论彼此的偏好风格

在团队会议上，讨论四种风格模式以及其互动情形。帮助每个人分析出他们的风格。大多数的人可以轻易认出自己的风格。然后，特别是在团队会议上，说明各种风格在创造合作成果上如何相互关联并有互补作用。

2. 强调没有所谓的好风格或坏风格

一旦大家了解到这一点，你的团队成员间意气用事的误解就会消解。梅会了解蒂姆并不是一个吹毛求疵的绊脚石，他的 CH 风格和长处对整个部门的成功也有相当的贡献。

如果个人对自己和周围人的主要风格有所认识的话，他们在调适人我的行为和融合彼此的风格上就已经成功了一半。

3. 在厘清成员风格后，一起讨论角色与工作的分配

适度转换部门里的工作有助于融合和配合风格，也就是依据团队成员的偏好风格来协助进行任务的规划与职业生涯规划，把团队成员放在合适的位置上，让整体运作更顺畅。讨厌规划和细节但喜欢行动的人（CT 风格）可以给他解决问题的任务，擅长做例行公事的人（CH 风格）可以管理部门的档案。

4. 寻求合适的帮手

老实说，也许身为主管的你并不喜欢扮演指导培训或者中介的角色。在团队中寻找一个偏好 SG 风格的人，让他担任你的助理，协助你处理成员的培训工作；或者在各个成员的沟通难题里，寻求偏好 AD 风格者，来帮助你担任多方的桥梁，聆听并转达各自的困难，进行成员之间关系的疏导与调和。

同样，在组成项目团队时，也可以用风格为考量标准来找人。侵略性强、常与别人有摩擦的人，可以配合一个主要风格是 AD 的人。而一个和顾客处得很好却不太有条理的人，可以配合一个主要风格是 CH 的人。

5. 定期开会讨论与调整

最重要的是，记住这并不是一蹴而就的事。你必须举行经常性的会议来检核大家的风格是否配合得宜，并能达成部门目标，同时也要视需要来做调整。

这不是指漫无目标的相互分析和谩骂，而是以目标为取向的检讨，从发生的问题开始讨论。

"期限达成了吗？"

"你的规划出现瑕疵了吗？"

"造成压力的因素是什么？"

"我们解决得了吗？是否必须要学会忍受其存在？"

开始时以工作内容为切入点，也就是先以事件导向作为开端，等到问题讨论完后，逐渐导入造成这些问题的风格层面因素，降低针对性，缓解团队成员的防备心理。

LIFO方法让成员各尽所能

有些人拒绝讨论同事的风格，认为这样做是业余心理学家，而会议也变成团体治疗。但事实上，我们在职场上，一直扮演着业余心理学家的角色，我们会花很多时间分析同事和老板的性格、他们做某些事情的原因。

真正需要的是把这样的行为公开化，用得到大家共识的术语来进行，才能让个人从共享的知识中获益。一旦大家认识到风格无好坏、人人可有特殊贡献，就能客观地看待彼此的行事风格。

让团队成员认识到，即使各位充满了不同，也根本没有矫正的必要。因为没有人受责备，并且所有的行事方式都受到尊重。

总而言之，就是要大家深切认识到以下事实：个人的行为方式不同，但有一些可预测的准则可用来处理这些歧异，也就是 LIFO 方法论。就像各种乐器能合奏出绝美的乐章一样,各种风格的人都能对团队有所贡献,最终完美地实现目标。

组织发展与变革的应用

"我们小组对许多基本观点都有太多争议,因而徒劳无功。我们始终在原地打转,却仍然做不出决策。"一家大公司的一位经理这么说。而同一公司的研发部副总则说:"我们部门似乎拥有一群能有个人贡献的优秀专家,可是我们却不能像个团队一样互相协作。"一家电子公司的总经理说:"我们经常在不切实际的理想主义者和讲求实际的现实主义者中产生冲突。"类似的评论在许多大公司中都屡见不鲜。这些例子是无法适当运用个人长处或是以一种防卫性的方式来过度运用长处的现象。

一个企业做大到某个地步,势必会遇上组织变革相关的难题。当组织只有几个人时,可以依赖对各自的默契与熟悉度来做事,但当组织扩张、部门越来越多以后,势必会出现越来越多的沟通、合作甚至是整体组织策略上的问题。

为了增强长远的企业竞争力与避免结构老化,组织需要维持弹性，并且有意识地进行变革。

然而，在进行变革前，知其症结是最优先也最重要的一步，先评估组织整体的风格、长处与可能的集体过当行为，才是迈向解决问题的开始。LIFO方法的四种风格取向，除了用来分析个人的长处与价值观外，也能有效地用来描述组织的行为特性，也就是通常所说的组织或企业文化。

四种组织文化

1. 支持／退让（SG风格）

一个以SG风格为主要文化的企业，关注的重点在于"群策群力"，最在意的管理功能为参与，通常将质量作为绩效评论的标准。组织氛围期待成员能够发挥群体力量、建立凝聚力和团队精神、处理并解决团队和组织成员间的冲突；而侧重点在于"发展人才资源"，着重在组织成员的成长、相互支持与学习指导。

在沟通方向与偏好模式上以"双向平行式的团体讨论"为主，在意团队合作的改善与发展，注重分享信息、增进学习。而在时间认知上，组织大多关注未来的愿景。

SG风格的组织文化通常比较不看中个人的主动性，会有"对潜在问题难以解决的悲观"，在组织固化以后容易缺乏方向、对成员过度照顾，因此反而缩小了彼此成长的空间。

在面对组织变革时，会遇到的挑战为整体成员对组织的生存困难缺乏警觉，过度天真地认为，只要一直精益求精地要求质量，问题就能迎刃而解。这样的状况乍看之下是对外在环境的陌生与漠然，实则为组织内部具有一种沉浸在理想中而逃避现实的文化。

2. 掌握／接管（CT 风格）

一个以 CT 风格为主要文化的企业关注的核心在于"成果"，在管理上最在意明确的指示，以销售成果作为绩效评量的标准。CT 风格偏好以"由上而下的纵向指令"来沟通，通常以竞争的方式来看待信息，也就是以信息为一种能够赢得优势的资源。风格偏重 CT 的组织对时间的认知永远是当下，每个当下都试图开创新局面。

CT 风格的组织文化通常不太在意团体的可靠性，容易有傲慢的倾向，更在乎个人的成果而不是集体的利益。对 CT 风格的企业而言，容易有的一个危机是不断地想要向外拓展、开创新挑战而持续耗能，没有长久累积的成果。

有关组织变革，CT 风格为主的企业可能会面临的挑战为：大部分成员对组织的未来缺乏真正的关注，竞争力强、中高阶者对组织忠诚度不足，因为自身条件良好，即使机构垮台了，他们也能另觅他处。这个问题乍看之下是成员各自同床异梦、只顾自身利益，实则是组织的延续已和大部分成员的目标缺乏联系。也就是说，组织本身因丧失优势及竞争力，而无法给成员提供更大的舞台，亦无法使他们寄托其野心与远大抱负。

3. 持稳／固守（CH 风格）

一个以 CH 风格为主要文化的企业以"协调"为主要精神，组织整体会期待成员能维护系统的结构与程序，减少歧异性，且侧重审核与评估。CH 风格文化的企业在意规范，在规范的共识下，要求成员了解情况、展现与修正偏差，以及特别执着于保存过去事件的记录，以过往的经验作为参考的标杆。

CH 风格的组织文化视信息为稀有、重要资源，用以避免风险，偏好通过原有的管道（尤其是书面）来沟通，集体的时间认知在于过去，以过往为借鉴。CH 风格强的企业较不看重变革的需求与创新，对改变的接受度较低，容易有固执的倾向，而因此进入组织官僚化或者老化。

由于 CH 风格具有的特性倾向延续旧有结构，并不轻易更动架构，因此，组织变革本身对 CH 风格文化较强的企业来说是相对困难的。通常具象的挑战是政策跟各种文书工作、管理流程的繁复，也就是过多存留过去的资料与规章，并且太过重视这些历史档案，这样的态度会导致每一条规则都难以舍弃。

4. 顺应／妥协（AD 风格）

一个以 AD 风格文化为主的企业，以"站对边"为核心，组织会期待成员具有足够的政治敏锐度，找出"双赢"的方案，并且注重彼此的影响及磨合。AD 风格的组织关注"提振士气"，整体环境要求成员在顺境的情境使组织内的人感到自在，并且肯定与鼓励他人。

AD 为偏好风格的组织以跨单位合作为主要管理方式，并调和视绩效指标为唯一标准的现象，收集资讯通常是为了用来扩大人脉网络，偏好"由下而上的一对一会谈"的沟通模式。

AD 风格为主的组织会遇到的变革困难是害怕伤和气。一个单位要改革、要更新、要成长，本来就会有阵痛期，会经历人员的裁减或者人事的变动的过程。一个偏好 AD 风格文化的企业可能会因为想要避免这些争端与冲突，而没有真正处理应该要被检讨的相关人事问题。

组织文化及成员的行事风格如同个人，往往会随着企业的成功而倾向于其中一两种文化模式。不但会因为管理过当而给运作中的企业带来任务面及人际面的负面结果，也会因缺乏其他风格文化的展现而导致管理、决策或问题解决的盲点。

组织变革方针

要建立一个明确的认知,组织文化的建立通常来自:过去组织发展成功经验的影响,高阶管理团队的风格影响。

因此,在进行组织变革时,要进行的工程并非"否认过去的企业文化"。如果要全面地更改组织的风格,那同时也就否认了过去顺畅的运作方式。要避免的只是过度使用同样的运作方法,造成本来是长处的部分转为过当,而导致整体的局限与风险。另外,要改变一个组织,一定是从管理团队开始,先由团队成员的风格、做法、领导力着手,才能扩散影响到整体企业。让我们用 LIFO 方法的架构来说明风格与组织文化的变革。

1. 支持/退让(SG)风格为主的核心领导团队

以 SG 风格为主的团队是一个具有理想的团队,不会为了短期利益牺牲长远目标,但这也一体两面地反映了对短期盈利的不够在意以及对运营的不切实际。例如,怀有高度道德感,稍有道德瑕疵的生意就不做,导致落败于竞争的厂商。换言之,这样的领导团队虽然花了很多资源做各种项目,但是都无法转变成真正的利润。此外,可能无法有效利用组织人才,因为管理上太过温情主义与念旧。

针对这样的状态,要做的改革是将成员的理想性与公司的利益相互桥接,要画出一个有意义感的大饼,让管理团队感受到变革是以具有价值感与共同信念为前提,要给予足够的变革愿景,让领导团队愿意跟随与贡献。

2. 掌握／接管(CT)风格为主的核心领导团队

以 CT 风格为主的团队擅长站在风口,抓住机会,因此常有大起大落的状况发生。所有人都要往前冲,所有成员都只顾自己而不管大局,组织容易在内部资源的争夺中内耗过度,最后分崩离析。

针对 CT 风格管理团队的变革,要重新调整奖惩、薪资等制度,要让成员相信变革能够给个人带来好处,让组织在变革以后较具有"以能力为基准的平等文化",例如,取消以工作年限作为薪资的依据,而改以能力和业绩作为奖惩依据,并给予破格提拔的可能性。贡献多,奖励也就多,把组织变革和与所有成员职业生涯吻合的利益相结合,就能够激发成员的积极性。

3. 持稳／固守(CH)风格为主的核心领导团队

以 CH 风格为主的团队较保守、倾向固化,并且极力避免风险,对改变的抗拒性较强。团队成员偏好维持既有的基础及使用过往成功的方式运作。即使环境已然发生变化，过往做法越来越不合时宜，管理团队仍然会因为担心变革后的风险而裹足不前。

因此，在面临改革时，切记勿躁动，要以循序渐进的方式进行。在进行变革前，一定要提出"详细的计划"，这样的计划内容得包括流程表、时间进度与"影响度"的分析。也就是说，对 CH 风格文化的组织而言，降低风险是一种最适宜的变革方法，要从组织内小规模的试验开始，成功后再进一步地扩大规模。

4. 顺应／妥协（AD）风格为主的核心领导团队

以 AD 风格为主的团队具有创意，敢于尝试各种试验性的做法，公关能力佳，但也因此容易受到外界相关机构的左右。此外，也缺乏公司内部的制度与程序，容易以打破规矩为常态。对专业、需要长期保有的信念价值以及组织营运的成功模式都不易有所坚持。

AD 风格的组织相对而言较能以弹性的态度接受改变，但前提是不能危及"人和"。因此，在进行组织变革时，要尽量把人事相关的争执与部门利益之间的冲突降到最低，并强调内部对于规章、理念及运作方式的检讨与制定，是为了让组织有更好的外部名声及更好的内部士气。同时也强调所推动的变革方案非制式僵化，而是可以灵活修订的。

　　LIFO方法在变革管理的应用是组织发展很核心的技术。首先,它让组织成员明白公司的问题以及现有定型的组织文化，并从中看到长处及过当的部分，再针对问题进行改善，而非对每种不同文化的企业都使用相同的变革方法，如此才能真正解决问题的症结。而在变革过程中，考量管理团队的风格，才能在完成改革的过程中更少地受到成员的抗拒。

销售攻心术：
知彼也知己，拓展自己的沟通力

即使是一个超级业务员，也会遇到一个让他的技巧完全失败的客户。某些时刻，客户就是采取防御性的态度，尽管业务员积极提高客户的兴趣，尝试 AD 风格的幽默与弹性作风，并多方探问客户的反应，客户依旧紧闭心扉，买卖就这么泡汤了。无论是哪种风格的业务员，似乎都有擅长应对比较有感觉的类型客户，相对地，却对某些取向的客户缺乏认识。在实务操作上，我们常常会发现，因为表达的方式以及产品或服务的价值呈现不到位而失去更多的销售的机会。因此，知己知彼，了解到底什么才算是"到位"的销售技巧，便显得非常重要。

做销售，就是需要别人接受我们的想法和建议，但不同的客户有不同的关注点，有些更关注产品的质量，有些更关注价格，有些更关注销售人员的态度，还有些更关注别的客户的看法，而且越是大客户，越是在意这些细节。做好销售之前的准备工作，需要更好地了解客户的个性风格，将他们最为关注的东西最快地呈现给他，以他们能够接受的方式与其沟通互动，才能达到销售的目的。然而，在判断客户的风格之外，销售员也需要厘清自己的风格，自己在销售中有哪些优势与局限，掌握这些长处和短处与客户的风格相匹配的方法。

不同风格的销售人员，如何认清自己的魅力点及局限点

我们以推销房地产的范例来说明每一种销售风格。

1. 支持／退让风格（SG）

业务员艾登是一个优秀的房地产经纪人，性格温和而体贴，对客户十分真诚，他为自己能够为大家提供服务而感到自豪。艾登认为，他所卖的是一种服务，而不是一种产品。他运用自己的知识与经验，为买卖双方提供完美的服务。他倾向于信任卖主双方，相信他们的所有话语。艾登的许多买主感受到他的诚意和投入，认为他们的特别需求能够被体谅。艾登总是乐意去倾听买主的立场，并努力去做买主认为公平和正确的事。如果买主的经济压力大，即使偶尔会自掏腰包赔上一些钱，他

也会乐意做出让步。

他常被批评太过拼命却仍然无法完成交易，然而，他却拥有一批忠心的老客户。有时候，他会遇到一些令他困惑的失败交易，例如受到欺骗，艾登会被这件事深深伤害，但依旧保持乐观的想法，认为在人生的长途赛跑中，他的努力终究是会赢得胜利的。艾登虽然不够积极主动，但当他人有所需求、寻求帮助时，他都是最好的对象。

由此可见，偏好 SG 风格的销售员的"魅力点"来自对人的诚恳信赖、认真勤勉，以及对产品的品质把关。"局限点"则是不愿意麻烦别人，也不喜欢将意志强加于人，所以，他们的销售过程显得很被动。同时，SG 风格者在与客户交往中，非常在意客户对自己的人或产品的评价，不管是正面评价还是负面评价，在情绪上易受评价的影响。他不愿意做自己认为无价值或没意义的事，做事谦逊含蓄，过于客气，往往表现得不够自信。

当压力来临时，偏好 SG 风格的销售员正向的部分是愿意承担责任，并努力处理困难与危机，接受且聆听客户或公司的抱怨，借陈述原则来处理反对意见，愿意挺身而出做对客户或公司正当而公平的事。负面的部分则是当事情发展不如预期或让别人失望时，偏好 SG 风格者容易变得自责、有负罪感。遇见强势的客户给予压力时，可能会自我否定，做太多的让步，委曲求全。

2. 掌握／接管风格（CT）

业务员范妮以勇于争取而闻名。她外向且充满自信，她喜欢接受困难，也勇于尝试各种挑战。面对买主时，她主动联系，不停地打电话，并努力探索各种方式以找出潜在的抗拒原因。"时间就是金钱"是范妮的座右铭，所以她永远在行动中。如果感觉到事情没有进展，她会很快找出理由，并继续推动项目。在销售时，她总是可以想出一栋正好合适的房子，并勾勒出一幅积极美好的画面。她是一个不接受"不"的人。

客户感觉很放心，认为他们把自己交给了一个有能力的人，而且不太可能会浪费时间。然而，还是有人抱怨，说她刻意掩饰了一些重要的细节，她给他们的压力太大了，或是她从未完全了解他们本身以及他们的需求。

偏好 CT 风格的销售员的"魅力点"在于效率，工作主动性很强，为了达成销售目标会不惜一切。喜欢应对具有挑战性的客户及事情，会有意识地给客户施加一定的压力。而其"局限点"则是给客户压力感及急迫感，催促立刻下决定让客户较难接受。CT风格者做事急躁而盲动，缺乏人际弹性，常因为说话太直接使得客户不悦。他们行动前欠周全考虑，过度偏好挑战新的可能性而带来风险。

面对逆境，CT风格的销售员的优势是能够坚定地陈述自己的主张，保护自己及公司的权益不受侵害；对客户、公司的问题和困难反应迅速，不需要依赖别人，擅长同时处理好几个问题。较负面的部分是他们在未对相关信息做细致的分析、未查明事实的情况下就擅作主张，对复杂问题做出过于简单的处理。有时会变得专断而要求多，不善于听取别人的意见。他们会迫使他人或客户接受自己的主张或迫使对方做出决定。

3. 持稳／固守风格（CH）

瑞伊在房地产界已有数年经验。在那段时间内，她建立了附近最广泛的房屋信息档案。她和当地一位教授共事过，因而设计了一套视觉展示和信息提取系统，让潜在买主在未参观房屋前就能对他们的公司产生好感。与此同时，她还使用一份"买主检查表"来帮助买主找出最适合的可能选择。瑞伊试着按照作息规律表来生活，办公室的人都知道她目前的去向以及她的销售进度。她的声誉来自能提供完备信息给买主，对建筑有专业知识，会指出房子的特点、细节或毛病。她深信要同样尊重他人的时间,除非已握有一份书面议价和一张支票;否则,她不愿意随便和卖主接触。

有些买主非常欣赏她的投入和对细节的注意。其他人则觉得她有时不能回应他们的急切需求,太注意程序、解释和细节,反应太慢了。即使买主似乎不感兴趣,她依旧坚持要展示房子的所有特征。当遇到压力或抗拒时,她试着客观及冷静地回应买主的反对意见,却没有注意他们的感受。

偏好CH风格的销售员的"魅力点"在于做事有条理,能坚持原则,较少对客户妥协,一般会按照事先计划开展销售工作,善于运用销售资料及产品信息创造有利于销售的条件,能为客户详尽地叙述产品与服务,鼓励客户节约资源,会有效地计算销售成本。

"局限点"则是拘泥于经验或现有资源,销售过程创新较少,不愿冒险。过于关注产品本身而淡化销售中人的感染力,过分注重细节而忽视客户的兴趣及感受,提供过多的选择性使客户无从选择,不够有弹性来促使客户下决定购买。做事慢、四平八稳,往往让他们错失成交机会。

当压力来临时,偏好CH风格的销售员在争执中不易动怒,不会受情绪影响,能理性地分析解决问题。以资料或事实来应对客户的反对意见,处理问题有方法、有逻辑流程,一般会考虑周全，并预防问题再发生。过当的一面是在压力面前追求合理和客观而牺牲对别人的关心以及人际关系，得理不饶人造成客户没面子，也失去交易，当感觉自己逻辑不占优势时，会退出讨论。不愿参加没有条理和流程的会议，忽略或低估问题的急迫性。

4. 顺应／妥协风格（AD）

奥斯卡是一个很会交际的人，他穿着时髦，据业界的评论，他能迷倒所有人。他擅长让别人感觉自在，并且营造出一种友善及有趣的态度。他的办公室总有笑声传出。奥斯卡有许多朋友，而且似乎有能力说服买主和卖主双方，让他们都相信他是站在他们这一边的。由于具有高度的弹性作风，他通常能够找出方法来应对反对意见，或是提出一些增添、布置、重新装潢的建议，使这栋房子更符合买主的需求。他很少强迫别人买房子，而是以一种轻描淡写的方式来处理买主的抗拒，很敏锐地找出牵涉在内的主要因素，然后尝试去发现解决的方法。即使人们没有买房子，他们离去时仍然感觉奥斯卡是一个好朋友。

房地产公司的老板有时觉得奥斯卡花费太多时间在交际上，而用在销售方面的时间却不够多。有时客户与同事不愿意对奥斯卡表达他们的反对或者比较尖锐的意见，因为他们觉得奥斯卡并不以严肃的态度来看待他们。他也常承诺了许多优惠，却无法兑现，因为奥斯卡只想要当下取悦买主。他偶尔会忽略一些细节，而且无法完整组织事情。

由此可见，偏好 AD 风格的销售员的"魅力点"在于善于察言观色，并运用个人魅力而赢得客户的好感，能很快与客户打成一片；善于换位思考，期望通过自己的人际优势发展关系感化客户、带动客户对产品的认可，不愿意让客户难堪；能调和客户和自己公司之间的关系。

"局限点"则是过于替客户着想，不愿提出适当的要求，或太过注重愉快气氛，使得互动内容不被重视，为维护关系而避免说服客户，或者不能代表公司的立场来应对客户。销售中倾向于以妥协来缓和与客户的争执，过分喜好社交，却不能有效地用好资源。

当有压力时，偏好 AD 风格的销售员好的一面是能从各个角度看清楚争论，在意见不合时努力求得双方皆赢的解决办法，致力于维护客户或公司的期望。不好的一面是面对压力模棱两可、前后不一，使自己或别人的意见不能充分表达，期望冲突随时间自行消解，用虚假的感受或情形来误导别人，不够坦诚，也难以使人信赖，做出不切实际的承诺。

扬长避短的销售攻略

遇到"错"的风格或者无意中使用了错误的策略，该怎么办呢？很明显的，当事情进展顺利时，你可以不需要借用任何方法来帮助销售。然而，当事情发展不顺利时，LIFO 的原则能让销售员考虑到销售过程的重要因素，并发展出一套因应策略。

当遇到客户的抗拒反应时，销售员会尝试倚赖他们的最佳工具——也就是曾经让他们成功的方法与经验，或使用更强势的态度、更加详细的资料、更细致的谈话，因此而提供了太多说明、太多强迫、太多细节或者太多闲聊与笑话。这样的情况发生的次数越多，客户越会感觉不舒适，越可能延迟或者不愿购买。

当遇到抗拒时要考虑客户的风格：你对客户的风格采取什么样的假设？你是以客户喜欢的方式来和他沟通吗？你了解他们个别的决策偏好、需求和恐惧吗？你不必是一个风格专家，但你必须找出客户无法接受你的风格的原因。

要懂得变通并使用其他策略：如果你已辨识出对方的风格，而且这风格与你不同，便要展现不同风格的行为长处来应对，使对方更能接受你。如果你无法改变，可以考虑和另一个同事合作，或是转给更擅长应对那种客户的人（甚至要学习如何将客户分类,以便将他们介绍给特定的业务员,提高和那种客户达成交易的机会)。

如何判断客户的 LIFO 偏好风格

维克多做销售快满一年了,今天去拜访江南设备贸易股份有限公司总经理大卫·李。到达后,李总的秘书问他是否有预约,维克多说是李总朋友黄小姐介绍来的。通告李总后被告知,一刻钟后见面,先去会客厅等待。维克多进了会客厅,秘书倒茶招待,此时,他环顾四周,发现会客厅布置得整洁有序。

接到通知,维克多来到李总办公室,寒暄开场。

"李总好,我叫维克多,今天冒昧打扰您。在李总的带领下,公司业务突飞猛进,我非常佩服,您是我市优秀企业家的后起之秀,还被市领导接见……"

"嗯。你是哪个公司的,今天来主要谈什么?"李总一本正经地问道。

"我们公司是黄海基建设备制造公司,本次来贵公司是想跟您谈谈合作事宜,我们新出了一款多功能挖掘机,非常好用,市场前景看好。"

"新出的未必是最好的,存在着很大的使用上的不确定性,你带资料了吗?"

"这是一些图片,您看看。"

"在哪些重大工程上使用过?"李总边看边问。

"因为是新机器,目前还没有大量投入使用,您可以看一下,它的外观很大气,功能全面,操作也很灵活。"

"这只是你的说法,用户如何评价?有没有带具体的参考数据?与其他厂家同类产品的性价比对照分析资料有吗?"

"抱歉,我这次带的资料不全,但我记下来了,下次给您带齐了。"

"下次来之前提前在秘书那儿预约一下,我们有严格的访客制度要求,不论任何人。"

你觉得这位客户的 LIFO 偏好风格是什么?维克多此次客户拜访的效果如何?问题出在哪里?

在销售的准备工作上,维克多做得并不够全面,他应该调查清楚目标客户的价值观、处世哲学、个人目标及做事习惯,也就是客户的 LIFO 风格。当然,不是谁都能做到直接拿上 LIFO 风格测评表告诉客户说,"我想评量一下您的 LIFO 风格偏好,以便更好地服务(对付)您",但只要我们有心,还是可以相对准确地判断客户的 LIFO 风格,尤其是客户的偏好风格。

总体来说,我们可以通过以下三个方面来判断客户的

LIFO 风格。

1. 通过客户价值观关键信息判断

在拜访前有针对性地收集相关信息。比如上述案例,在拜访李总之前,询问好友或李总身边的人,问题很简单,李总"最喜欢什么样的人/行为""最不喜欢什么样的人/行为""一句话描述一下你们的领导"。比如,一般偏好 SG 风格的客户会被描述为"最喜欢做事认真、精益求精的人,不喜欢马马虎虎、做事不上心的人"。"我们老总标准太高,我们总是达不到他的要求。"偏好 CT 风格的客户可能会被描述为"最喜欢做事干练有执行力的人,不喜欢做事拖拖拉拉、推一下动一下的人"。"我们老总精力充沛旺盛、思路开拓奔放,让我们追得气喘吁吁。"其他回答如"最喜欢做事有计划、条理性好的人,不喜欢做事随意性强、不按照制度流程办事的人"。或者"我们老板办事严谨,你少拍马屁"。这样的客户可能偏好 CH 风格。而回答若比较近似"最喜欢能替他人着想、办事留有余地的人,不喜欢做事死板、不考虑别人感受的人"。"我们领导平易近人,没有架子,与大家打成一片。"这样的领导更倾向偏好 AD 风格。

2. 通过与客户交往过程中极关键的处事行为判断

价值观是影响行为最深层的因素，一般不易观察判断，但由价值观反映出来的冰山上的一角——人的行为是容易被观察到的。做个有心人，你就会通过他的行为判断出 LIFO 风格。

以 SG 为主风格的客户的行为特征围绕他的价值观——卓越、质量、高标准来体现，比如，看起来表情严肃，但是态度诚恳，很有耐心，愿意专注聆听，喜欢谈价值及大众利益，并关心产品的质量。而在购买行为上，SG 风格的客户非常关注产品的质量及品质、品牌荣誉、保质期限，关心提供服务记录，强调公司信誉等。他们希望被看作一个有响应与有价值的人，表面上很清高，但实质上特别期望能做出对别人有价值的事情，一般来说愿意帮助人，只要你提出要求，把关心的问题说清楚，他感觉这确实重要，便会回应。但由于 SG 风格的客户外表的严肃性，往往使得我们不敢提出过多的要求。与 SG 风格的客户做交易的前提，就是这件事情的目的与价值、为谁而做、是否符合公益，都事先说清楚，他认为这个事情是非常有价值、值得做的时候，就会有明显的回应。

以 CT 为主风格的客户，常是人未到声音先到，做事有急迫感，夸张的肢体语言能将你迅速融入他的气场。爱表达自己的观点，语速快，打断别人的话是常见表现，喜欢冒险，精力旺盛。沟通中多会关注产品的创新性与独特性，会直接表明自己关注利益及速效，对不同意见倾向于争论而非数据，主观上倾向于自己主导交易过程，而非被别人强制做购买决策，始终体现效率、机会、挑战性的价值观。他们喜欢挑战销售人员的反应能力，但有时候会忽略细节而直接下结论。这类客户做事情的动机是：这件事情对我们有何益处？谁来掌握？什么时候完成？新的、有创意的事情更能激发他的意愿及兴趣。

以 CH 为主风格的客户的价值观是理性、逻辑、程序。一般来说，CH 风格的客户与人沟通时会让人觉得冷酷，他们缺少面部表情，声音单调，较少肢体语言。行为举止内敛合宜、话语少、多询问问题，但少表达意见。控制风险是他的主题及强项。喜欢在现有操作上做加减法，不喜欢重新开始；会关注产品的详细说明、数据及其他客户的使用评价以及售后服务的细致条款，甚至提出试用等条件，以降低自己的购买风险。他喜欢被别人看作一个客观合理的人。他喜欢结构化的工作环境，不依赖情感和直觉。特别关注有关产品功能表现的事实与数据，安全性、可靠性、其他客户使用证明、记录等。他不会感情用事，希望对方会用更多事实数据说明问题，而不是用人际关系来促成购买行为。

以 AD 为主风格的客户的行为特征展现在对人友好，会主动问候你，具有幽默感，热情而敏感，声音温和，常能针对对方的意见给予正面反馈，碍于面子不会提反对意见，但有时答应的事可能难以兑现。他的价值观是和谐、有弹性，对任何信息的接收都保持开放的态度。而这种客户做购买决定时，更倾向于考虑团体的意见，使相关决策者及使用者能达成共识，同时希望所展示的产品可以应对各种不同需求而特意设计。AD风格的客户希望建立的合作关系是基于互相的友善喜好，相对于偏向CH风格的客户的关注交易本身，他更喜欢把焦点放在人际交往及其他意见领袖的看法上。让他自己单独做决断，是一件比较困难的事情。

3. 通过客户办公室陈设来判断

通过仔细观察客户的办公室陈列及布置，也能发现一些LIFO风格的蛛丝马迹。比如，SG风格的客户的办公室家具摆放严谨而有规矩。他们会摆放有关体现信仰、价值观或既往公益奖项的象征性实物，或者摆放温馨的家庭合照。若有装饰字画，一般常有"宁静致远""厚德载物""淡泊明志""止于至善"等相关文字。CT风格的客户则呈现独特的家具摆放及座位安排，随意性强，个性化信息浓厚，例如某些竞赛的奖杯。可能会有独特稀有的摆设物品、纪念品展示等；装饰字画会有"马到成功""鹏程万里""赢""大展宏图""创新"等。CH风格的客户的办公室则整洁有条理，通常会分类整齐地摆放各种信息报告资料。体现理性的CH风格的客户价值观的装饰字画经常有"天道酬勤""业精于勤""定、静""知行合一""无欲则刚"等。AD 风格的客户的办公室温馨，家具多考虑招待来客而摆设。较多家庭或朋友团体的社交娱乐活动，讲究氛围。若有装饰字画，一般多为"舍得""上善若水""海纳百川""难得糊涂"等。

当然了，每一个客户的风格都是由四种基础风格混合而来的，我们前面主要描述的是客户的主风格在各种细节与购买行为上的体现。除此之外，销售员还需要考虑到，在顺境情况以及逆境情况下，客户的风格表现会有很大的差异，需要细心判断，找到相应的匹配方式，达成销售的目的。

不同销售阶段，面对不同风格客户的销售策略

我们可以把一个完整的销售流程简要地分为以下六个阶段，即销售的导入阶段、渐进阶段、需求探寻阶段、简报说明阶段、成交缔结阶段及售后跟踪阶段。在销售流程的每一个阶段，不同风格的客户行为表现千姿百态，我们需要用客户愿意被对待的方式来与客户互动，这样才能高效地达成销售协议。下面就销售流程六个阶段不同风格客户的对应策略做简要分析。

1. 导入阶段

导入阶段,和客户的初步接触,也是营造氛围阶段,为后面的销售拜访打下很好的基础。

SG 风格的客户:如果有事先预约,他会留出时间来诚恳地接待。作为销售人员,要预先做好详细的拜访前准备,以认真的态度赢得客户的赞赏,并准备花必要的时间,倾听客户关心或焦虑的事件,并予以回应。

CT 风格的客户:精神状态充满活力,态度积极,言谈明快,作为销售人员,要对客户能快速会谈表示感谢。互动前先确定客户有多少时间,要表现出自信。

CH 风格的客户:客户喜欢采取正式、有条理、有步骤的方式。作为销售人员,寒暄要适度,要明确本次谈话的逻辑。

AD 风格的客户:表现出愉悦欢迎的态度。作为销售人员,需认可客户的地位、外表,适度赞赏。采取友善而轻松的方式,准备进入轻松愉快的谈话氛围。

2. 渐进阶段

在好的导入阶段结束后,就进入渐近阶段,将切入本次谈话的重点。

SG 风格的客户:导入寒暄后,就要充分说明你的身份和你本次拜访的目的,并说明你的产品和服务将为客户带来哪些价值和益处，这是客户关心的。

CT 风格的客户：建立联系后，表明你在这次会面中的代表性，建立你个人有能力和有权力的形象，传达公司的优势形象及公司的竞争力。注意言简意赅。

CH 风格的客户：说明你的公司和客户之间的长期合作关系，强调你公司系统化的运作方式，并证明和客户间稳定而持久的关系，说明本次会面的重点。

AD 风格的客户：在进入轻松愉快的谈话氛围后，提到共同认识的人，说明你与这个公司打交道的缘由，指出你的公司对市场期望的弹性和敏感度，本着认可的态度引导客户，提出自己的想法。

3. 需求探寻阶段

销售的需求探寻阶段，即通过与客户的面对面沟通，来探寻客户工作中的问题、困惑及痛点，了解目前局势的现状、处理方法以及期待的解决方案，进一步探寻客户的需求以及需求背后的原因。确认需求后，再找到产品的切入点，进行说服。

SG 风格的客户：通过沟通对话，清楚了解客户对产品和服务背后深层次的要求及原因，赞赏客户的高标准及对品质的要求。表明对品质和服务的态度，通过第三方的使用经验，进一步佐证产品的品质。

CT风格的客户：给予更多的机会让客户表达，说出明确的要求及目的，尽量精确、简要地说明产品优势，强调提高绩效所需的时间及成果，从对客户有利的角度来说明。对客户提出的反对意见及时进行反馈处理，抓住适当的机会，向客户表达产品/服务的成效。

CH风格的客户：更多地了解及探寻客户有关成本、风险、技术要求等细节问题，了解客户过去的经验及担心的问题，并强调你的公司及产品服务相匹配的方法，提供丰富的资料来证明你公司的专业度及其他客户使用产品后的成果或对产品的赞赏。

AD风格的客户：让客户愉快地交流和沟通，谈出他对目前现状的看法。认真倾听并给予正面的回馈，对客户个人的目标和野心表示兴趣，强化你的公司在市场上的领导地位，并表达愿意与贵公司进一步合作的愿望。

4. 简报说明阶段

明确了客户需求、了解了客户需求背后的原因，我们将结合产品及服务进行简报说明，这是说服客户最重要的环节，抓紧机会与客户进行深层次的沟通。

SG风格的客户：对于支持/退让型风格的客户，在进行简报说明时，要强调你的产品及服务的品质，强调产品解决方案及售后服务的优质化,愿意倾听客户的反馈意见并进行完善,提供第三方证明或专家的评语。简报内容及简报过程的品质也同样重要。

CT 风格的客户：如果面对的是掌握/接管型风格的客户,说明你的产品及服务能迅速有效地达成效果,并提出获得重要成效的证明,将利益连接到所陈述的目标上,聆听反对意见,对对方提出的意见迅速反馈,并给出证明。语言简洁明快,不拖泥带水。

CH 风格的客户：鼓励客户询问数据或技术方面的问题,详尽说明所有相关事实,多运用图表、统计数据,结合技术专家的意见。展示证据合乎逻辑,提供替代性的选择,并提供产品展示措施,同时说明你的产品及服务的长期性利益。

AD 风格的客户：重视和谐的客户,亲和力高,愿意倾听意见,但作为产品简报,也同时需要新奇性及趣味性,提供购买决定的预选方案。利用证词及第三方的证明,包括客户的测试和有影响力的知名人士的肯定,强调你关心客户,并乐见其成功,鼓励维系关系,而不要求承诺。

值得提醒的是,如果是一对多的销售简报,就要进一步分析听众中不同角色、重点人员及关键意见领袖的风格,甚至有条件时要对团队风格做进一步分析,制定出更具针对性的简报方案。避免风格分析的单一性,而忽略了其他关键意见领袖,造成被动的销售局面。

5. 成交阶段

成交阶段，也是销售拜访的"临门一脚"阶段——获得交易，签约交货。在前期通过探寻需求与简报说明，客户对我们的产品以及产品能够解决他哪些实际问题，心里都有了一些底。现在，关键的时刻来了，本次销售能否达成协议，拿到订单？在此阶段，我们更不能放松，而是要借风格分析的特性，掌握客户的签单行为，获得协议订单。

SG 风格的客户：支持/退让风格的客户，自始至终都要求品质标准。所以，最后阶段需要阶段性的总结客户已接受的产品价值，同时充分聆听客户的意见，提出以互信为基础的行动计划，准备好正式的书面文件作为信任的表示，并对客户执着的品质观念给予热烈的赞赏回应。

CT 风格的客户：掌握/接管风格的客户，始终愿意掌握销售过程，所以，你要以尊重的口吻，坚定地重申预期中的结果，强调是客户做出的决定，直接而有信心地要求客户订货，以作为对其目的和目标的回应。为最后协议的签订做好细节准备，不要拖泥带水，节外生枝。

CH 风格的客户：持稳/固守风格的客户，小心谨慎、考虑周全，最后阶段降低客户的成交风险就是核心问题。增加可信的附带资料,认可做决策前的必要延迟,重申良好的售后服务及专业品质以及更好的性价比。也可请客户提出评估产品和服务的标准。必要时请示上级给予试用等机会。提前准备好正式的书面报告,说明要求客户签协议是合理程序的最后阶段。

AD 风格的客户:顺应/妥协风格的客户,在最后阶段,提升客户的成交动机,需要给他施加一点儿压力,协助他做决策。保证客户的决定会被广泛接受,流露出愿意妥协的迹象,维持购买过程中的兴奋和快乐,在轻松的气氛下取得正式的合约。考虑到 AD 风格的客户性格犹豫不决的特点,必要时帮助他下最后的决心。

6. 售后跟踪阶段

售后跟踪阶段,即售后服务阶段,是销售完美的收官,也是新的销售的开始。在这个阶段,要承诺兑现前期销售过程中答应给客户的利益,包括产品本身优势的兑现以及其他利益的兑现,建立更好的信任关系,为下一次新的销售打好坚实的基础。

SG 风格的客户:在售后服务中,再度保证你个人的承诺,再次强调产品的品质及质量标准,并强调你愿意争取更多人的资源。定期联络,确认使用周期的服务令人满意,随时征求意见,并在答复意见的沟通和互动过程中,开启新的销售。

CT 风格的客户：强调迅速成交和交货的利益，按照客户的时间表来提供服务。重申其所做决定的利益的及时兑现性。找适当机会互动联络，为洽谈新商机和评估结果打好基础、创造机会，不断地发现新的问题，提供新的方案，同时产生新的销售。

CH 风格的客户：严格按照双方的约定及详细的时间执行计划，按照流程做好售后服务工作。有计划地和客户联络确认，一切按照合约行事，同时对客户发现的一些新的问题进行整理汇总，共同进行探讨，为可能产生新的销售打好基础。

AD 风格的客户：对于主风格为 AD 的客户，售后服务就是和客户产生新的感情联络的纽带，也是了解客户需求的非常好的机会。确认执行过程中的被接受程度，处理来自其他使用者的抱怨问题，并表示谢意。

销售的过程是一个不间断的完整的过程，我们人为地分了六个阶段，是为了更好地分析销售过程，掌握不同阶段客户的不同行为表现及应对策略。但是，在实际销售过程中，这六个阶段是无缝对接的，也许没有明确的阶段区隔。因此，销售员需要灵活地感知顾客的反应、谈话与交易的进度，然后决定是否需要扩展自己的销售风格，如此，才能提升自己的业绩，并把握住销售与客户服务的智慧。

绩效的高低代表个人的能力吗

聘雇员工时,组织往往想要能力顶尖的人才,公司通常通过很多种工具、方法来挑选有能力的佼佼者,并依据职务内容选择具备相应能力的应聘者。然而,有时候我们会遇到这样的状况:当这些应聘者真正上班了以后,当初漂亮的履历、各种优秀的能力证明都好像失效了一样,具备某些优秀能力的人未必具有相应的良好绩效表现。

职务分配影响绩效成果

为什么会有这样的落差呢?除去适应不良的因素外,最主要的原因是工作安排的问题。员工的工作能力高低取决于他是不是能够适才适所地发挥,如果员工被安排处理其拥有的风格长处范围外的项目,那他的表现就很难出色。

举例而言，艾普丽尔是一家大型出版社的行销企划，她对潮流敏锐，很擅长观察消费者的习性，同时，她也知道如何和各大单位、作者、编辑以及活动方沟通。然而，由于艾普丽尔杰出的工作表现，在组织扩张与单位改组的变动下，她被分派到了处理书籍版权以及法务相关的部门，由于艾普丽尔的长处在于机敏的反应力以及创造能力，被换到需要处理严谨文书工作并研读大量规章的职位让她的工作表现大打折扣。但绩效考核的结果不代表艾普丽尔不优秀，只能代表她被放在了不适合的位置上。

换言之，从 LIFO 的观点来看，当主管在做人事决策时（无论是升迁还是调职），应当考虑到员工的行为风格长处来安排合适的岗位。如果员工被放在符合其专长的位置，那进行绩效考核的结果就会是一个很有参考价值的分数；若情况刚好相反，员工收到的任务和他的行为风格有极大的差距，绩效评估的结果就不再是当务之急，重点更应该放在如何协助员工扩展他们的长处，让他们能够更好地胜任工作。

即时反馈与加强辅导

在此种状况下，管理者就应该使用更多即时的反馈机制，让员工知道自己在新岗位的状况。员工若有好的表现，要随时给予鼓励，以此作为正向的动力，激发员工的潜能；而员工若表现不佳，管理者应当马上提出建议，让员工明确地知道问题所在，而不是等到一季的考核之后才不明不白且挫败地拿到糟糕的分数。除此之外，管理者应当加强在工作方面的指导，在点出问题以外，还应该给出明确的改善方法，展现耐心，并给予足够时间让他改进，如此才能对人才发展以及组织整体的运作有所帮助。毕竟，我们应该着重的是如何提升"未来"的绩效，而不只拘泥于过去与当下的状态。换言之，考核的重点除了协助绩效管理之外，还应该进一步把如何协助人才发展考量进来。

也就是说，管理者在进行人事决策时最重要的两点是：

◎适才适所，依据员工的技能及行为风格长处来分配他们的工作。

◎情非得已，需要员工在接任他们所不适合的职务时，以即时性的绩效反馈以及更多的指导来协助他们扩展自己的长处，提升未来的绩效。

就拿刚刚艾普丽尔的案例来论，她的 AD 风格较高，而不偏好 CH 风格，但当她被分配到一个需要钻研大量专业知识并且容错率极低的职位时,她风格取向里的灵活、不受限于规矩、喜爱不按牌理出牌以及优秀的变通能力,就等于失去了发挥的空间,这对艾普丽尔与出版社本身都是一种浪费。

　　大卫是一家大型消费品公司的品牌经理,他的团队过去在公司取得了辉煌的绩效,成功包装及推出了几个知名产品。他偏好组织一个具有各种能力的团队,鼓舞团队精神,通过密集的共识会议来分享构想及信息,既分工明确,又能互相合作,在有较多富裕时间的情况下,他的团队总是能够提出很好的产品策划构想及实施计划,大卫将他的SG风格长处发挥得极好,并实现了高绩效。

　　然而,随着消费市场的改变,很多产品被替换,市场竞争更为激烈,新产品推出的期限大量缩短,大卫被要求更快地掌握市场信息,并做直觉的判断来让新产品上市。在此压力下,大卫及他的团队成员们感到受挫,很多产品企划的提出及执行都延误及落后,影响了销售部门相应的业绩目标达成。事实是公司对于品牌经理职务的期望转向需要更多CT风格的长处,例如,行动迅速,主管需要独立做决策,更快地掌握市场的变化等。大卫的绩效低,让公司高层对这位曾经很优秀的主管感到头痛,考虑要调换他的职务。

由上面的案例来看，一时的绩效考核结果并不等同于员工的能力。然而，让员工在其负责的工作中发挥自身的优势，一直都是绩效能够提升的最关键因素。绩效管理的目的从来就不只是剔除表现不佳的人，而是激发员工的潜能，并让员工愿意面对不同的工作性质的挑战，经过培训学习，扩展他原来所缺少的风格长处，找出创造高绩效的方法，达到公司与员工双赢的结果。

如何进行一场双赢的人才甄选

　　人才是企业的命脉，掌握着组织的永续成败。而人才短缺是目前很多公司面临的问题，好的人才难寻，真正原因不在于外部环境的人才荒，亦不在于杰出的佼佼者越发稀少，甚至不是因为没有足够的求职者，而是不知如何在甄选过程中确认谁才是真正"和组织取向契合又能够互补"的人。也就是，如何当一个好的伯乐？如何具备几乎像是占卜能力一样的慧眼？如何看出企业真正的人才需求，选中硬实力与软实力都与之匹配的伙伴？

　　由此可见，经过细致规划的招聘非常重要，招聘如果仓促，仅是为了补足人手而快速进行，却没有事先审核公司为何会有人才缺口、要找的是怎样的人、该用什么方法甄选等，往往无法找到合适的人，反而带来大量人力与资源的浪费。

　　在这里，我们将讨论一下外部招聘过程中的人才甄选。

　　外部招聘的好处是范围广，相较于知根知底、适应良好但可能思想僵化、同质性太高的内部晋升，外部招聘若甄选得好，可以挑到优秀人才，同时又为公司注入了新鲜血液。然而，外部招聘的成本很高，还存在着新人与组织相容性的问题。很多时候，组织找了才高八斗、资历非凡的新人，却无法真正贴合公司的发展需要。因此，甄选就显得极为重要，很多公司并不知道甄选的方法，面试的时候可能凭着对方给人的感觉、对过去经历的发问以及直觉就下了判断，然而，正确的方式应是先确认清楚公司需要的人才条件、组织内部缺乏什么类型／能力的工作者，并用严谨的工具来进行评估。

LIFO 方法与人才甄选

投身人力资源管理与顾问领域近三十载的 LIFO 资深讲师林双桂，对人才甄选的重要性与秘诀深有体会。他坦言："过去在人才招募上使用的问卷都比较偏重能力或者智能测验方面，我们对招来的人的适任性是不太有把握的，通常都是通过职前训练，甚至是试用期，才能真正厘清这个人和组织之间的匹配程度。LIFO 的好处是这套问卷让我们可以很快地了解新人，新人也可以很快地了解主管跟同事。"

林双桂先生在任职某科研机构的人力资源部门主管时，曾经有过一次使用 LIFO 问卷与系统进行人才招募的成功案例。

这个案例不只是对招募单位的发展与应征者职业生涯的双赢，同时也让林双桂对 LIFO 方法的认知与体悟更上一层楼。

1. 依据团队风格来选人

当时林双桂先生所带领的是以支持／退让（SG）风格与持稳／固守（CH）风格为主的团队，"我们很会构思、设计以及主持计划，同时也擅长跨部门沟通，但我们的掌握／接管（CT）分数较弱，因此积极性不够，工作上的强度不够，也不太能第一时间抓住机会。最重要的是，时间上的掌握不够明快"。意识到这点以后，当时需要聘请一位助理，团队就决定要找一位比较偏好 CT 风格的人，来推进整体团队的速度与行动力。

"上一位担任我助理的人，是 SG 风格与 CH 风格，和我们的步调很一致，所以适应得良好，即便如此也没有解决我们工作节奏上的问题。"也就是，如果不是"有意识"地使用 LIFO 方法从团队风格管理的角度进行人才甄选，那可能后来选的人就会找一个柔顺、配合度高、谨慎，同时和团队同质性较高的人选。

后来，林双桂先生录取了玛丽，而玛丽的风格偏好是 CT。

在甄选的过程中，除了请玛丽填写问卷、理解其分数与风格之外，同时也在面试过程和对方介绍老板与整体团队的风格，让应征者也能够知道自己接下来的工作环境，让双方都彼此了解各自的信息，建立互相信任的基础。毕竟，唯有互相理解，才能让彼此成为对方要"寻找的那个人"。

2. 选对人，"结合"彼此的风格

有趣的是，玛丽因为 CT 风格偏高，在过去求职的经验里，大部分的同事都认为她干涉过多、强势、难以沟通。亦即，CT 风格的行动力与明快被她自认为是求职上的弱势。就玛丽的经验而言，助理的角色通常需要较强的配合度与照顾性，而她不是这样的性格，容易吃亏。

因此，当林双桂的团队基于"扩展风格"的需求而选上她时，她终于感觉到自己的风格能够被善用，也终于开始有发挥的空间。而玛丽上任后，也确实把团队内的行政事项管理得风风火火，各种计划案的执行都被超前推进。

一年后，团队的绩效与工作的效率有了显著的改善。除此之外，玛丽重新测验自己的 LIFO 分数，发现以往不偏好的 CH 风格分数也有所提升。她说："和团队共事以后，我没有以前那么急躁，会比较考虑细节，即使在催促同事的进度时，也会稍缓一点，用思考比较周全的方式来推进事情。"

这是一个团队风格与人才的偏好风格的所长相"结合"的极佳案例。林双桂强调："这是我的经验中印象特别深刻的一

个以LIFO为主的面试，我们过去的逻辑可能都强调人才的能力、性格和组织要能够配合，因为种种方便性的考量而选择长处和组织相近的人才。但这次我们先思考了团队的整体发展与取向，然后试图找一个能够进行风格扩展与结合的人才，最后发现这样对双方来说，都能获得很大的进步与助益。"

由此可见，LIFO方法在人才甄选上，给予了两个维度的纵深。

（1）能够补足传统方法只考虑硬实力的缺陷

从解析风格评量结果而言，LIFO方法能协助组织解读人才的软实力以及人际沟通面向的倾向，能迅速地建立对求职者的深刻认识。

（2）建立长期的互动机制

不只在甄选时使用，而是当成一个长期和部属互动的方法。就上述的案例而言，LIFO方法在建立对求职者的解析外，还能够有极深入而双赢的应用。换言之，就人才甄选而言，如果还是维持传统性的思考，寻找和团队风格相近的人才，那可能会失去很多相互补强、双向成长的良机，而LIFO方法就是一项能够结合组织风格发展与求职者风格偏好，让甄选过程更能够用比较长期而有远见的角度来进行评估的利器。

协助新人适应：
让"异类"变成得力伙伴

组织招募新人，从来都是一件大事。一个企业要维持良好的生机与活力，势必会有汰旧换新，然而，新进员工的学习与适应，其实也是个重大的议题。新进人才到底是组织内的新活水，还是会在磨合过程中造成大量生产力的损失，这得看高管的智慧。

毕竟，一个组织就像是一个具备动态平衡的生态系统，任何一人的离职与加入，都会造成生态系内部状态的裂解、改变与新生。负责新人训练的主管，要如何兼顾组织内部原生文化，同时又让新人能够加入与发挥，这绝对是重要而需要审慎思考的问题。

新人加入，从组织的角度来说，会遇到几种需要处理的状况。

> ◎如何让新人迅速上手？
>
> ◎如何让新人理解并融入组织，同时让新人能够发挥自己的特长？

依据风格给予教导

　　就第一点而言，许多企业在进行新人培训时，采取的方式都是给新人大量的"历史档案"与"过去案例"，让新人从文书资料与口述补充中，理解组织的运作方式。然而，这不仅对新人的过滤、内化以及判断能力是个大考验，同时，还假定了每一位新人都适合这样的文书学习方式。

　　事实上，偏好不同风格的人才，适合的学习方法绝对不一样。如果能因材施教，势必会让新进员工顺利度过最惴惴不安、基于自尊或害怕犯错等心态而不敢求助的阶段。

　　若新进员工偏好SG风格，他们通常信心低，但学习动机强，态度认真。如果有一个杰出的导师或者一个资历丰富而慷慨的好同事，给予心态的支持与各种工作的提醒，对新进员工而言会是最好的帮助。SG风格的人才，希望能受到"耐心的教导"，在解说时，若强调事情的背景与内容，对他们的理解会很有帮助,也就是说,不要单纯地跟他们说过去的惯例怎么做或者怎么做比较好,而要把前因后果说明白。他们倾向于上进地在适应阶段早到并加班(而且通常对自己多余的付出很低调,不太让其他人知道)、揣摩与理解各种自身还不熟悉的业务,因为希望自己能为组织做贡献,能成为组织内重要而有产能的人物。当偏好 SG 风格的新进员工在学习上遭遇困难时,请给他们时间来应对,并在他们需要时给予帮助。

若是偏好 CT 风格的新人,他们通常比较自信,相信自己办得到,同时也乐于接受试验型的挑战。他们需要专业的指导者(比起和善而有耐性的同事,他们可能更乐于和资深的、能力强的前辈接触),希望每次的学习都可以知道主题(而不是在东拉西扯中灌输组织文化与处世道理),期待简洁扼要的答案,并且乐于接受挑战与试验学习成果的任务派发。若他们在学习时犯了错,请不用顾虑太多,迅速地更正对方,给予他们实用的提示,并要求他们立刻重做,这是对偏好 CT 风格者而言最速效的方法。

至于偏好 CH 风格者,他们谨慎认真,在适应新环境时,给人的感觉比较僵硬而节制,这是由于 CH 风格者本来就比较仰赖过去的经验,比较不习惯身处于陌生而没有惯例可参考的陌生环境。这时,对他们而言最好的帮助就是给予整体企业的明确介绍、具体工作职责的说明、有条理的知识、过去的经验

优势管理
扭转人生到管理用人的黄金法则

案例、循序渐进地提供详细而周全的解释,并让他们有一点儿时间消化。当他们在适应上遇到困难时,提供确切的、对于状况的分析。当 CH 风格者学习上犯错时,给予观念与理论,让他们厘清与思考,并示范在工作内容上的细节操作。

新人若是 AD 风格,通常他们会表现得很自在、乐天和有趣。然而,他们其实对整体状态是很不确定的,不如表面上的欢乐、有信心。这时,请当一个友善的教导者,尽量不要在一开始就摆出严厉的态度,并尽量展示团队活泼的一面。同时,尽量提供与新人本身有关的说明与案例(也就是说,暂且不用提供太多方法或细节的信息,先给予和他自身所体验的工作内容相关的解释即可),而这种案例若是"以前员工较令人瞩目的成功案例",对偏好 AD 风格者特别有帮助。当他们遇到挫折时,要友善地引导,鼓励并且避免公开批评,让他们能有乐观的心态来面对与处理,而不是一下子打击对方的自信心。

不同类型的新人,需要的引导方式不同,掌握上述原则,就能初步让组织更理解新人,也让新进员工更适应组织。然而,每种组织都有自己内部的文化与风格倾向,该如何让新进员工在顺利加入的同时,不影响组织已经运作顺畅的风格?这又是另一层面的智慧。

厘清团队风格

这个案例发生在一个公营机构的人力资源管理部门,此部门的成员因为时常需要处理招募、数千人的培训、大型教育训练乃至薪资管理,而养成了极强的 CH 文化,所有人在经手一个项目时,都有固定而流畅的验证机制,规矩明确,并且行之有效。

部门主管约翰的风格为 SG 混合 AD,虽然不以 CH 风格为主,但管理整个团队已久,本身的行事方式也具有 CH 风格特有的精准、仔细。同时,在约翰的带领下,部属们也融汇了 SG 风格的高品质要求。因此,整体团队是一个慢工出细活的精锐部队。

一天,一个以 AD 为主风格、SG 为次风格的新人鲍勃的加入,打破了原有组织已经稳定的生态平衡。

鲍勃的人力资源管理工作经验丰富,履历漂亮,极擅长筹办大型的教育培训,单就能力方面而言,只要熟悉了业务,让他独立作业绝对没问题。然而,他比较自由随兴,会用他的丰富经验来制造一个可以不用循规蹈矩的空间。可惜的是,当他进到这样一个以 CH 为主风格的团队时,过去成功经验的模式就不再生效。鲍勃不想被 SOP 束缚手脚,但领导者约翰与其他同事觉得不能有这么多例外。这二者之间就有一些暗潮涌动，存在着一种鲍勃好像跟大家难以融合的感觉。

对主管约翰来说，他当然有点困扰，单就约翰个人的风格而言（SG/AD），他是可以理解鲍勃的，他知道那种不想要僵硬死板、用经验跟临场反应来处理问题的思维。然而，以团队带领者的立场而言，他应该要以整体团队文化为主，即使自身也偏好 AD 风格，还是要维持团队稳健，尊重组织共识。因此，约翰一方面要督促鲍勃的发散行为（AD 风格管理的过当）；另一方面也要以他可以接受的方式与其沟通（也就是使用 AD 风格偏好的对话方式来让他接受规则），善用他的才能，不要让鲍勃觉得"被屈才"了。

善用与控制过当：引导新人融入团队

约翰采取了三种做法。

第一，让鲍勃可以善用他的长处，不浪费他的经验与能力，分派鲍勃独立处理一个较大的员工培训活动。

第二，同时要求鲍勃阅读过去每一届筹办人员的检讨报告，并提出主办时的特点、异于过去的做法以及相关的企划（扩展 CH 风格）。

第三，在筹备后期设置检查机制，让鲍勃前期能够专心按自己的思维办事，而到靠近活动时再抽验是否有行政上的失误，避免培训课程当天出错。

这三种做法，不仅让鲍勃感觉到自己被信赖、接纳与喜欢，同时，也给了他比较大的自由发挥空间。另外，也遵循了团队的习俗，要鲍勃借由阅读档案来理解与尊重过往的惯例，并且快速地让他理解过去办理相关活动的同事们处事的方式、遇到的问题以及解决的方法。当鲍勃提出新的企划时，整个团队一同讨论，不仅增进彼此的了解，也进行了一定程度的检验和风险的排除。最后，在筹备后期，约翰对鲍勃进行了"行前检查"，以抽检的方式来检验清单上的事项（这是团队内比较资深的人会获得的对待，若资历较浅，则是请同事进行逐一的清点。以这种"尊重你资历的特殊待遇"来让鲍勃感受到重视）。然而，抽检过程很不幸地发现了疏漏，于是鲍勃就有点难堪。

约翰知道鲍勃在意形象、爱面子，最怕没有台阶下，因此，抽检选在私下的场合，避免在公共场合让他出丑，并且对他解释："这是按着团队的规则走，不是针对你，我相信照你的能力绝对没问题，只是做最后确认。活动当天，你就按照你的做法，完全让你发挥，我中间会去帮你看一下。如果有任何需要，也可以随时打电话过来，我们所有人都会支援你。"约翰让鲍勃知道这是公事公办，这个小失误不影响他对鲍勃本人的印象，同时，也适当地表达鼓舞与支持。

最后，由鲍勃主办的教育培训办得很成功，即使中间出现道路维修导致学员无法准时抵达的插曲，也被鲍勃用高超的临场反应迎刃而解（鲍勃马上叫了出租车去接送，让原先的大型游览车到下一个地点等待）。活动后，鲍勃在会议上被同事们赞赏肯定，原本带着观望态度的同事，既安心于组织严谨的方法没有被破坏，又认可了鲍勃灵活机敏的危机处理方式。

就这个案例而言，约翰成功的桥接差异、引导双向的风格扩展，巧妙地处理了团队与鲍勃之间的张力：既让鲍勃学会了团队内建置已久的严谨方法，也让团队成员承认了临场应变以及弹性作风有其必要性。最后，鲍勃在这个团队适应得很好，成为人力部门的骨干，是一个新进员工与团队旧有成员皆互相学习、风格彼此扩展并双赢的良好示范。

作者简介

谊威（East-West）管理咨询公司1992年创立于中国台湾，1996年进入大陆市场，发展超过二十五载，近几年开始增加国际化发展与跨区域合作业务，是一家秉持人本管理理念、强调跨文化交流，以研发知识体系为核心优势，并以华人市场为主体的国际顾问公司。

谊威管理咨询公司引进国际上有关人力资源发展、组织发展、经营管理、企业创新等专业咨询训练系统，经由严谨而独创的本土化的研发，使之能融合东西方管理文化的精髓，以服务当地企业组织及社会精英。其中，从美国代理的国际品牌LIFO®（Life Orientation）系统，不仅服务了超过上千家的企业，还在市场上赢得了奇佳的口碑与赞誉。谊威于1992年从创始人凯契尔博士（Allan Katcher）取得了LIFO中文版制作及使用权，至今仍是LIFO咨询/培训及所有学习资料的中文市场独家总代理。

谊威管理咨询公司所涵盖的中文版服务范围包括中国及东南亚诸国的华人族群。所有欲使用中文版的LIFO方法者或训练者，皆需通过谊威管理咨询公司获取教材及取得讲师/专家的认证。LIFO系统的中文化与本土化多年来皆由拥有心理学专业学位的陈子良博士及其团队一手翻译与研发，进行品质的把关和权利的保护，及确保正确地学习。谊威管理咨询公司成功发展了适合华人学习的本土化版本LIFO系统相关产品，至今已有上千家公司与数万个学员因学习LIFO方法而受益。